Deutsche
Militär- und Civilstrafgerichtsbarkeit

Systematische Darstellung

der

Zuständigkeitsgrenzen und Rechtshülfe zwischen beiden

nach der

Militär-Strafgerichtsordnung vom 1. Dezember 1898.

Von

Dr. Max Schlayer,

Kriegsgerichtsrath beim Oberkriegsgerichte des XIII. (Kgl. Württ.) Armee-Korps.

Berlin 1900.

J. Guttentag, Verlagsbuchhandlung,

G. m. b. H.

Vorwort.

Eine das ganze Reichsgebiet umfassende, erschöpfende Einzel-Darstellung des Verhältnisses zwischen Civil- und Militärstrafgerichtsbarkeit war bisher durch die partikularrechtliche Verschiedenheit der Militärprozeßgesetze wesentlich erschwert und daher auch nicht vorhanden.

Im Hinblick auf das unmittelbar bevorstehende Inkrafttreten einer einheitlichen Militärstrafgerichtsordnung für das ganze Deutsche Reich hat der Verfasser diese namentlich für den Praktiker oft recht fühlbare Lücke auszufüllen versucht durch eine systematische Darstellung des Grenzgebiets, wo die beiden Gerichtsbarkeiten sich schneiden und berühren, also sowohl der Zuständigkeitsgrenzen (einschließlich der Strafvollstreckung) als der Fälle des Zusammenwirkens (der Rechtshülfe) zwischen Civil- und Militärstrafgerichtsbarkeit, wie sich beides nach der neuen Militärstrafgerichtsordnung vom 1. Dezember 1898 darstellen wird.

Der Verfasser wendet sich hierbei nicht etwa nur an den Militärjuristen und die bei der Militärrechtspflege mitwirkenden militärischen Behörden, sondern insbesondere auch an den in der civilstrafgerichtlichen Praxis thätigen Juristen, dem er außer einem möglichst vollständigen systematischen Ueberblick über alle einschlägigen gesetzlichen Bestimmungen auch das Material und die hauptsächlichen Gesichtspunkte zur Entscheidung der theils bisher schon vorhandenen teils aus der Militärstrafgerichtsordnung sich neu ergebenden Fragen in kurzer Einzeldarstellung vereinigt bieten und hierdurch namentlich das zeitraubende und mühsame Zusammensuchen des in Gesetzen, Judikatur Kommentaren 2c. zerstreuten Materials möglichst ersparen möchte.

Es ist deshalb der wesentliche Inhalt solcher (insbesondere militärrechtlicher) Gesetzesbestimmungen, deren allgemeine Kenntniß nicht ohne Weiteres auch beim Civiljuristen vorausgesetzt werden konnte, in den Text oder die Anmerkungen aufgenommen und eine bloße Verweisung auf Gesetzesparagraphen thunlichst vermieden worden.

Die in den einzelnen Bundesstaaten, insbesondere in Preußen, Bayern und Württemberg früher ergangenen, meist ministeriellen Ausführungsbestimmungen zu einzelnen Materien, soweit sie nach Inkrafttreten der Militärstrafgerichtsordnung vom 1. Dezember 1898 noch in

Geltung bleiben, hat der Verfasser möglichst vollständig nach dem neuesten Stand zusammenzustellen und auch dann, wenn sie sich inhaltlich decken, nach den einzelstaatlichen Publikationsorganen gesondert zu citiren sich bemüht. Die preußischen Bestimmungen gelten hierbei auch für die übrigen unter preußischer Militärverwaltung stehenden Kontingente und de facto in der Regel auch für das sächsische Kontingent, wenn auch auf Grund besonderer Publikation.

Auch die seitherige Spruchpraxis und zwar sowohl die reichsgerichtliche als diejenige der höchsten einzelstaatlichen Militärjustizbehörden, ist thunlichst berücksichtigt, soweit ihr nach Inkrafttreten der Militärstrafgerichtsordnung überhaupt noch Bedeutung zukommt.

Manche zweifelhafte Fragen werden wohl erst durch die an die neue Militärstrafgerichtsordnung sich knüpfende Rechtsprechung, insbesondere des Reichsmilitärgerichts, ihre definitive Erledigung finden. Der Verfasser glaubte darum nicht ganz an ihnen vorübergehen zu sollen, sondern hat auch seinerseits Stellung dazu genommen. Sollte es ihm gelingen, durch die gegenwärtige Arbeit dem civil- und militärgerichtlichen Praktiker die Orientirung und Entscheidung bei auftauchenden Fragen zu erleichtern, so wäre sein Zweck erreicht.

Stuttgart, Juli 1900.

Der Verfasser.

Inhaltsübersicht.

Erläuterung der wesentlichsten Abkürzungen.

A.K.O. = Allerhöchste Kabinetsorder.
Ausf.Ges., Ausf.Best. = Ausführungsgesetz, =bestimmungen.
A.V.Bl. = Preuß. Armeeverordnungsblatt.
Bayr. = bayrisch.
Bayr.M.St.G.O. = bayrische Militärstrafgerichtsordnung.
Bek. = Bekanntmachung.
B.G.B. = Bürgerliches Gesetzbuch.
Birkmeyer = Birkmeyer, deutsches Strafprozeßrecht. Berlin 1898.
C.P.O. = Civilprozeßordnung für das Deutsche Reich.
Daude = Daude, die bürgerlichen Rechtsverhältnisse der Militärpersonen. Berlin 1887.
Disz.St.O. = Disziplinarstrafordnung für das Heer.
E.G. = Einführungsgesetz.
Entw. = Entwurf.
Erl. = Erlaß.
G.Bl. = Bayrisches Gesetz= und Verordnungsblatt.
Ges. = Gesetz.
G.S. = Preußische Gesetzsammlung.
G.V.G. = Gerichtsverfassungsgesetz
Hecker = Hecker, Lehrbuch des deutschen Militärstrafrechts. Stuttgart 1887.
H.O. = Heerordnung vom 22. November 1888.
J.M.Bl. = Justizministerialblatt.
Just.A. = Justizabtheilung.
Just.Min. = Justizministerium.
Komm.Ber. = Bericht der VIII. Kommission des Reichstags 1897/98. Drucksache 150.
K.Min. = Kriegsministerium.
Koppmann = Koppmann, das Militärstrafgesetzbuch für das deutsche Reich mit Kommentar. 2. Aufl. Nördlingen 1885.
Löwe = Löwe, Kommentar zur Strafprozeßordnung für das deutsche Reich. 9. Aufl. Berlin 1898.
v. Marck = von Marck, der Militärstrafprozeß in Deutschland und seine Reform. 2 Bände. Berlin 1893, 1898.
Mar.V.Bl. = Marineverordnungsblatt.
H. Meyer = H. Meyer, Lehrbuch des deutschen Strafrechts. 5. Auflage. Leipzig 1895.
M.St.G.B. = Militärstrafgesetzbuch für das Deutsche Reich.
M.St.G.O. = Reichsmilitärstrafgerichtsordnung vom 1. Dezember 1898.
M.St.V.V. = Militärstrafvollstreckungsvorschrift vom 9. Februar 1888.
M.V.Bl. = Württembergisches Militärverordnungsblatt.
Olshausen = Olshausen, Kommentar zum Reichsstrafgesetzbuch. 5. Auflage.

Pr.	=	Preußisch.
Pr.M.St.G.O.	=	Preußische Militärstrafgerichtsordnung vom 3. April 1845.
Reg.Bl.	=	Württembergisches Regierungsblatt.
R.Ges.	=	Reichsgesetz.
R.G.Bl.	=	Reichsgesetzblatt.
R.G.E.	=	Entscheidungen des Reichsgerichts in Strafsachen.
R.G.Rechtspr.	=	Rechtsprechung des Reichsgerichts in Strafsachen.
R.M.G.	=	Reichsmilitärgesetz vom 2. Mai 1874.
Rundschr.d.pr.Gen.Aud.	=	Rundschreiben des preußischen Generalauditoriats.
R.Verf.	=	Reichsverfassung.
Sächs.	=	Sächsisch.
Solms	=	Solms, Strafrecht und Strafprozeß für Heer und Marine. 8. Auflage. Berlin 1892.
St.G.B.	=	Strafgesetzbuch für das Deutsche Reich.
St.P.O.	=	Strafprozeßordnung für das Deutsche Reich.
V.Bl.	=	Verordnungsblatt des bayrischen Kriegsministeriums.
Verf.	=	Verfügung.
V.O., A.V.O., K.V.O.	=	Verordnung (Allerhöchste, Königliche).
Weigel	=	Weigel, Handausgabe der Militärstrafgerichtsordnung v. 1. Dezember 1898 mit Erläuterungen. München 1899.
Weiffenbach	=	Weiffenbach, Einführung in die Militärstrafgerichtsordnung vom 1. Dezember 1898. Berlin 1900.
W.O.	=	Deutsche Wehrordnung vom 22. November 1888.
Württ.	=	württembergisch.

Einleitung.

Das Verhältniß zwischen Militär- und Civilstrafgerichtsbarkeit war bisher in vielen Beziehungen unklar und strittig, einmal in Folge des Nebeneinanderbestehens dreier verschiedener Militärprozeßsysteme in Deutschland (des preußischen, bayrischen und württembergischen Militärprozesses),[1]) welche nicht nur das Zuständigkeitsverhältniß zwischen Civil- und Militärstrafgerichtsbarkeit, sondern auch die gegenseitige Rechtshülfepflicht abweichend von einander normirt hatten und hierdurch schon die Gefahr von Kollisionen insbesondere zwischen der Civil- und Militärgerichtsbarkeit zweier verschiedener Prozeßgebiete in sich bargen; sodann aber auch in Folge der vom bürgerlichen Strafprozeß ganz verschiedenen Struktur wenigstens des preußischen und württembergischen Militärprozesses, die eine nähere Fühlung und gegenseitiges Verständniß beider Gerichtsbarkeiten erschwerte und so ihrem ersprießlichen Zusammenwirken in der Praxis ebenso wie der gegenseitigen Förderung auf wissenschaftlichem Gebiete hindernd im Wege stand.[2])

Die am 1. Oktober 1900 in Kraft tretende Militärstrafgerichtsordnung für das Deutsche Reich vom 1. Dezember 1898[3])

---

[1]) Preuß. M.St.G.O. vom 8. April 1845 (und ihr genau entsprechend die sächsische M.St.G.O. vom 4. November 1867). — Bayrische M.St.G.O. vom 29. April 1869, modifizirt durch die Gesetze vom 28. April und 27. September 1872 und 18. August 1879. — Württ. Mil.-Straf-Gesetze vom 20. Juli 1818 nebst der durch die A.O. vom 11. Juni 1877 abgeänderten Allg. Kriegsdienstordnung vom 7. Februar 1850, I. Band, Kap. 47, 49, 50, der subsidiär geltenden württ. St.P.O. vom 22. Juni 1848 und dem Ges. vom 17. August 1849.

[2]) Bedurfte es doch z. B. einer Entscheidung des Reichsgerichts, um außer Zweifel zu stellen, daß eine militärgerichtliche Verurtheilung rückfallbegründend sei, vgl. R.G.E. 10, 330.

[3]) Vgl. Kais. V.O. vom 28. Dezember 1899. — Zur M.St.G.O. und zum E.G. hierzu sind in Preußen, Bayern, Württemberg und Sachsen im wesentlichen übereinstimmende Ausführungsbestimmungen theils durch K. V.O. theils durch K. Min.-Erl. ergangen, vgl. Pr. A.V.Bl. 1900 S. 2. — Bayr. V.Bl. 1900 S. 221; württ. M.V.Bl. 1900 Anl. zu Nr 22; sächs. M.V.Bl. 1900 S. 15.

wird auch der deutschen Militärstrafgerichtsbarkeit die längst angestrebte Rechtseinheit bringen. Das bedeutet aber nicht nur, daß vom genannten Zeitpunkt ab für die militärgerichtliche Rechtsprechung im Gebiete des ganzen Reichs ein einheitliches, im wesentlichen auf den Grundsätzen des modernen bürgerlichen Strafprozesses aufgebautes Verfahren gilt, sondern auch, daß das Verhältniß der Militärgerichtsbarkeit zur bürgerlichen Strafgerichtsbarkeit unter Aufhebung der bisherigen landesgesetzlichen Normen für das ganze Reichsgebiet neu und einheitlich geregelt ist. Insofern hat die neue Militärstrafgerichtsordnung auch für die bürgerliche Strafgerichtsbarkeit eine nicht unerhebliche Bedeutung, die im Folgenden unter Hervorhebung der Abweichungen vom bisherigen Rechtszustand dargestellt werden soll.

Diese Bedeutung äußert sich nach einer doppelten Richtung: einmal hinsichtlich der Abgrenzung der Mititärstrafgerichtsbarkeit von der Civilstrafgerichtsbarkeit und sodann hinsichtlich ihres gegenseitigen Ineinandergreifens (der Rechtshülfe im weiteren Sinn).

Erster Theil.

Abgrenzung der Militärgerichtsbarkeit von der bürgerlichen Strafgerichtsbarkeit.

Die Militärgerichte sind durch §. 7 Einführungsgesetzes zum Gerichtsverfassungsgesetz als reichsrechtlich bestellte Sondergerichte im Sinne des §. 13 Gerichtsverfassungsgesetzes anerkannt. Die Militärgerichtsbarkeit bildet also einen der bürgerlichen Strafgerichtsbarkeit koordinirten selbständigen Theil der allgemeinen Strafjustiz.

Die bisher, während der Geltung der partikularen Militärprozeßgesetze, mehrfach in Zweifel gezogene Frage, ob die Wirksamkeit des nach einem solchen Partikulargesetz für eine Person begründeten Sondergerichtsstandes sich nur auf das Geltungsgebiet des betreffenden Landesprozeßgesetzes oder auf das gesammte Reichsgebiet, ohne Unterschied des Ortes der begangenen Handlung erstrecke,[1]) ist durch die nunmehrige reichsrechtliche Regelung des Militärprozesses in letzterem Sinne entschieden, da der einer Person nach den reichsgesetzlichen Bestimmungen der Militärstrafgerichtsordnung zukommende Militärgerichtsstand ohne Zweifel im ganzen Reichsgebiet, also auch außerhalb des Landesgebiets, zu dessen Kontingent die Person gehört, anzuerkennen ist, was insbesondere bei den von Fahnenflüchtigen oder Beurlaubten außerhalb des Kontingentsgebiets verübten Strafthaten von Bedeutung ist.

Der Umfang der Militärgerichtsbarkeit ist durch die Militärstrafgerichtsordnung theils in persönlicher, theils in sachlicher Hinsicht begrenzt.

I. Für den persönlichen Umfang der Militärgerichtsbarkeit kommen hauptsächlich (jedoch wie sich unten zeigen wird, nicht ausschließlich) die Militärpersonen des aktiven Heeres und der aktiven Marine, sowie die Personen des Beurlaubtenstandes in Frage,

---

[1]) Vgl. einen Beschluß des Strafsenats des K. Oberlandesgerichts Stuttgart als Kompetenzkonfliktshofs vom 1. März 1898, und eine dort citirte Entsch. des R.G. (Feriensenats), vom 10. September 1886, wo die Wirkung des Militärgerichtsstandes für das ganze Reichsgebiet anerkannt wird; ferner die Bek. des württ. Just.-Min. vom 16. Januar 1888, und 17. Februar 1889, wonach eine Verständigung der sämmtlichen Bundesstaaten in dieser Richtung stattgefunden hat.

der Inhalt beider Begriffe ergiebt sich nicht aus der Militärstrafgerichtsordnung, sondern aus andern Gesetzen und ist daher zunächst näher zu bestimmen:

1. Die Militärpersonen des aktiven Heeres.[1])

Hiezu gehören nach §. 38 R.M.G. vom 2. Mai 1874:

A. Die Militärpersonen des Friedensstandes und zwar:

1. die Offiziere, Aerzte und Militärbeamten[2] des Friedensstandes vom Tage ihrer Anstellung bis zum Zeitpunkte ihrer Entlassung aus dem Dienste;

2. die Kapitulanten vom Beginn bis zum Ablauf oder bis zur Aufhebung der abgeschlossenen Kapitulation;

3. die Freiwilligen und die ausgehobenen Rekruten von dem Tag, mit dem ihre Verpflegung durch die Militärverwaltung beginnt, Einjährig-Freiwillige vom Zeitpunkt ihrer definitiven Einstellung in einen Truppentheil an, sämmtlich bis zum Ablauf des Tages[3]) ihrer Entlassung aus dem aktiven Dienst.

B. Die aus dem Beurlaubtenstand (siehe unten Ziffer 2) zum Dienste einberufenen Offiziere, Aerzte, Militärbeamten und Mannschaften von dem Tage, zu dem sie einberufen sind, bis zum Ablauf des Tages der Wiederentlassung.

Der Dienst, zu welchem die Einberufung erfolgt, muß nicht nothwendig derjenige bei der Truppe sein noch überhaupt ein solcher, bei dem die Verpflegungskompetenz gewährt wird. Es genügt eine ganz vorübergehende, nicht mit militärischer Einkleidung verbundene Einberufung zu irgend welchen dienstlichen Zwecken. Hierher gehört insbesondere die Einberufung zur Kontrolversammlung, die für den ganzen betreffenden Tag — von Mitternacht zu Mitternacht gerechnet — Zugehörigkeit zum aktiven Heer begründet;[4]) ferner die Einbeorderung zur Verbüßung einer von der Militärbehörde zu voll-

[1]) Es werden hierunter der Kürze halber künftig auch die Militärpersonen der aktiven Marine verstanden.

[2]) Militärbeamte sind nach lit. B. des dem M.St.G.B. als Anlage beigefügten Verzeichnisses alle im Heer dauernd oder auf Zeit angestellten, nicht zum Soldatenstand gehörenden und unter dem Kriegsminister oder Chef der Admiralität als Verwaltungschef stehenden Beamten, welche einen (bestimmten oder unbestimmten) Militärrang haben, ohne Rücksicht ob sie einen Diensteid geleistet haben oder nicht. Sie sind aufgezählt in der Klasseneintheilung der Militärbeamten vom 18. August 1895 (R.G.Bl. S. 481). — Die Civilbeamten der Militärverwaltung (d. h. die Beamten ohne Militärrang) gehören zwar zum aktiven Heer, aber nicht zu den Militärpersonen des aktiven Heeres, wie aus §. 88 C vgl. mit §. 88 A 1—8 R.M.G. und aus §. 4 M.St.G.B. hervorgeht. Wird ihnen (im Kriegsfall) Militärrang verliehen, so zählen sie zu den Militärbeamten, vgl. v. Marck, I. Bd. S. 19, Hecker S. 24.

[3]) Also die beiden genannten Tage ganz eingerechnet.

[4]) R.G.E. 12, 319; 14, 828. Rundschr. des pr. Gen.Aud. vom 20. November 1886. — Dies gilt auch hinsichtlich dessen, der bei der Kontrolversammlung zum Landsturm überführt wurde.

streckenden Arreststrafe (§. 7 Kontrol.-Ges. vom 15. Februar 1875) oder zu Zwecken gerichtlicher Untersuchung.[1])

C. Alle in Kriegszeiten zum Heeresdienst aufgebotenen oder freiwillig eingetretenen Offiziere, Aerzte, Militärbeamten und Mannschaften, welche zu keiner der vorgenannten Kategorieen gehören, von dem Tag, zu dem sie einberufen sind, oder vom Zeitpunkt des freiwilligen Eintritts an bis zum Ablauf des Tages der Entlassung, also insbesondere nach ergangenem Aufruf des Landsturms die dadurch betroffenen Landsturmpflichtigen, sowie die in Folge freiwilliger Meldung in die Listen des Landsturms Eingetragenen (vgl. R.Ges. vom 11. Februar 1888 §§. 26, 30).

Der Zeitpunkt des Beginns der Zugehörigkeit zum aktiven Heer ist hiernach ein verschiedener, je nach der Zugehörigkeit zu einer der bezeichneten Kategorien: je nachdem der Tag der Anstellung (bei Offizieren 2c.), des Beginns der Verpflegung (bei Rekruten), der Einberufung (bei Mannschaften des Beurlaubtenstandes), dieser Tag je voll eingerechnet, oder der Zeitpunkt des Beginns der Kapitulation, der definitiven Einstellung Einjährig-Freiwilliger, des freiwilligen Eintritts im Kriegsfall.

Im Falle B oben beginnt die Zugehörigkeit zum aktiven Heer mit dem Tage, zu welchem die Einberufung erfolgt ist, ohne Rücksicht darauf, ob der Einberufene thatsächlich der Einberufung Folge geleistet, d. h. sich bei der Truppe gestellt hat. Es geht dies aus dem Wortlaut des §. 38 B Reichsmilitärgesetzes hervor, wo „der Tag, zu welchem sie einberufen sind" als Beginn genannt ist im Gegensatz zu dem im Falle A 3 oben genannten „Zeitpunkt der definitiven Einstellung in den Truppentheil."[2]) Eine Ausnahme hiervon gilt jedoch hinsichtlich der nach Aushändigung des Urlaubspasses vorläufig in die Heimath beurlaubten, gleichfalls zum Beurlaubtenstand gehörigen Rekruten, welche nach §§. 34 und 38 A 3, Reichsmilitärgesetzes erst von dem Tag, an dem ihre Verpflegung durch die Militärverwaltung beginnt, also von ihrer thatsächlichen Einstellung an zum aktiven Heere gehören.[3])

Bedingung des Aufhörens der Zugehörigkeit zum

---

[1]) So die seitherige Rechtsprechung des württ. Militär-Revisionsgerichts; auch Koppmann S. 45. (Vgl. auch §. 26 Disz.St.O.) Dagegen ist die Ladung zur Vernehmung als Zeuge vor ein Militärgericht nicht als Einberufung zum Dienste anzusehen.

[2]) Vgl. R.G.E. 23, 81. Bayr. Gen.Aud. vom 19. Januar 1887. — Württ. K.Min. (Just.Abth.) vom 8. November 1892.

[3]) Der §. 38 B, Z. 1 R.M.G. wird insofern durch den §. 38 A, Z. 3, modifizirt. So die konstante preußische und württ. militärgerichtliche Rechtsprechung. — Eine Unterscheidung zwischen Rekruten, die nicht beurlaubt waren, sondern sofort nach der Aushebung eingestellt wurden, und den in die Heimath beurlaubt gewesenen Rekruten, wie sie Weigel §. 1 Note 2b annimmt, ist im Gesetz nicht begründet. So auch württ. K.Min. (Just.A.) vom 22. Januar 1896.

aktiven Heer ist in den A 1 und 3, B und C oben genannten Fällen die Entlassung. Es bedarf also in diesen Fällen eines formellen Entlassungsaktes (Einhändigung der Entlassungspapiere u. dgl.), und genügt nicht der bloße Ablauf der Dienstleistungszeit, so daß also die Zugehörigkeit zum aktiven Heer fortdauert, wenn aus besonderen Gründen (z. B. Krankheit, gerichtliche Untersuchung) die Entlassung zum normalen Zeitpunkt nicht erfolgen kann.

Fraglich ist, ob dasselbe auch hinsichtlich der Kapitulanten (A 2 oben) gilt? Die Frage wird für die Fälle zu bejahen sein, wo die formelle Entlassung aus besonderen dienstlichen Gründen am Tage des Ablaufs der Kapitulation nicht erfolgen kann. Denn wenn auch nach dem Wortlaut des Gesetzes der Kapitulant regelmäßig nur bis zum Tage des Ablaufs der Kapitulation Militärperson des aktiven Heeres bleibt, so ist damit doch das Recht der Militärbehörden, Kapitulanten aus besonderen gerechtfertigten Gründen über diesen Zeitpunkt hinaus beim aktiven Dienststand zurückzuhalten, nicht ausgeschlossen, und zählt der Nichtentlassene dann nicht nur de facto, sondern auch de iure zum aktiven Heer.[1]) Anders, wenn etwa die Entlassung eines Kapitulanten widerrechtlich verzögert würde.

Zu beachten ist, daß bei den unter A 3, B und C genannten Personen die Zugehörigkeit zum aktiven Heer bis zum Ablauf des Tages der Entlassung dauert.

Im Falle A 1 oben (bei Offizieren &c.) ist wohl die Eröffnung der die Entlassung, Verabschiedung, Versetzung in Ruhestand verfügenden Kabinetsorder der für das Ausscheiden aus dem aktiven Dienst maßgebende Zeitpunkt.

In allen Fällen hört die Zugehörigkeit zum aktiven Heer auf, wenn gegen eine Person des Soldatenstandes gerichtlich auf Entfernung aus dem Heer oder Dienstentlassung, gegen einen Militärbeamten auf Amtsverlust oder Unfähigkeit zur Bekleidung öffentlicher Aemter oder im Disziplinarverfahren gemäß §. 75 Reichsbeamtengesetzes auf Dienstentlassung erkannt wird, und zwar mit dem Zeitpunkt der Rechtskraft des Urtheils bezw. der Disziplinarentscheidung.[2])

2. Die Personen des Beurlaubtenstandes.

Hierzu gehören nach §. 56 Reichsmilitärgesetzes, A. II §. 11 Reichsgesetzes vom 11. Februar 1888:

a) die Offiziere, Aerzte, Beamten und Mannschaften der Reserve (Marinereserve) und Landwehr (Seewehr) ersten und zweiten Auf-

---

[1]) Dieselbe Auffassung vertrat bisher das bayr. Gen.Aud. z. B. vom 22. Dezember 1876; auch württ. K.Min. (Just.A.) z. B. vom 27. Januar 1899. A. M. Koppmann S. 42.

[2]) Die von Solms S. 11 hier gemachte Unterscheidung zwischen Personen des Soldatenstandes und Militärbeamten hat jedenfalls nach Inkrafttreten der M.St.G.O. keine Begründung mehr.

gebots,[1]) sowie die Mannschaften der Ersatzreserve und Marineersatzreserve;

b) die vorläufig in die Heimath Beurlaubten ausgehobenen Rekruten und Freiwilligen;

c) die bis zur Entscheidung über ihr ferneres Militärverhältniß zur Disposition der Ersatzbehörden entlassenen Mannschaften (vergl. §§. 82, 83 W.O.);

d) die vor erfüllter aktiver Dienstpflicht zur Disposition der Truppentheile beurlaubten Mannschaften (vergl. §§. 14 Z. 2a und 27 H.O.)

Gleichgestellt sind den Personen des Beurlaubtenstandes nach A. II §§. 26, 30 Reichsgesetzes vom 11. Februar 1888:

e) nach Aufruf des Landsturmes die davon betroffenen Landsturmpflichtigen, sowie die nach freiwilliger Meldung in die Listen des Landsturmes eingetragenen Personen bis zu dem Tag, zu welchem sie einberufen sind oder an dem sie freiwillig eintreten (denn von diesem Tage an zählen sie zum aktiven Heer.[2])

3. Außer den zwei oben erörterten Personenklassen umfaßt die Militärgerichtsbarkeit noch andere Personen, welche an sich Civilpersonen sind, aber entweder dem aktiven Heer angehört haben oder in nahen dienstlichen Beziehungen oder in einem sonstigen bestimmten Verhältnisse zum Heer stehen, wie sich aus dem Folgenden ergeben wird.

II. In sachlicher Hinsicht ist der Umfang der Militärgerichtsbarkeit ein verschiedener je nach der Zugehörigkeit zu einer der genannten Personenkategorieen.

Das Gesetz unterscheidet hienach, wenn auch nicht ausdrücklich, so doch der Sache nach, zwei Hauptarten von Militärgerichtsbarkeit:

A. die im Prinzip unbeschränkte, auf alle strafbaren Handlungen der Person sich erstreckende Militärgerichtsbarkeit, also den ordentlichen Militärgerichtsstand in Strafsachen;

B. die auf bestimmte (meist militärische) Strafthaten beschränkte Militärgerichtsbarkeit, also einen außerordentlichen Militärgerichtsstand bestimmter Personen, welche im Uebrigen der bürgerlichen Strafgerichtsbarkeit unterstellt sind.

Beide genannten Militärgerichtsstände sind für die Regel

---

[1]) Die Verpflichtung zum Dienst in der Landwehr 2. Aufgebots dauert bis zum 31. März desjenigen Kalenderjahrs, in welchem das 39. Lebensjahr vollendet wird, für Dienstpflichtige, die vor vollendetem 20. Lebensjahr in das Heer getreten sind, bis zum 31. März desjenigen Kalenderjahrs in welchem der Dienstpflichtige 6 Jahre der Landwehr 2. Aufgebots angehört hat (A. II §. 8 R.Gef. vom 11. Februar 1888).

[2]) Es ist zu unterscheiden zwischen dem Aufgebot des Landsturms, das durch den Kaiser erfolgt und nur die Zugehörigkeit zum Beurlaubtenstand begründet, und der Einberufung der aufgebotenen Kategorien, die durch die Landwehrbehörden erfolgt und Zugehörigkeit zum aktiven Heer begründet, vgl. Laband, Reichsstaatsrecht 2. Aufl. II, S. 665.

zwingende, unverzichtbare, mit absolut verbietendem Ausschluß der Civilstrafgerichtsbarkeit.

Es giebt jedoch auch

C. Fälle der verzichtbaren, in die Wahl der Militärgerichte gestellten Militärgerichtsbarkeit, unter fakultativer Zulassung der Abtretung an die bürgerliche Strafgerichtsbarkeit.

Von diesen drei verschiedenen Arten des Militärgerichtsstandes ist im Folgenden näher zu handeln.

A. Der ordentliche (unbeschränkte) Militärgerichtsstand.

I. Die ihm unterstellten Personen.

Es sind dies nach §. 1 Militärstrafgerichtsordnung folgende:

1. Die Militärpersonen des aktiven Heeres und der aktiven Marine (vgl. oben S. 12)[1]), und zwar auch während der Dauer ihrer erlaubten oder unerlaubten Abwesenheit vom aktiven Dienststand (also auch während einer etwaigen Fahnenflucht);[2])

2. die zur Disposition gestellten Offiziere, Sanitätsoffiziere und Ingenieure des Soldatenstandes.[3])

Ist denselben eine Stelle im aktiven Dienst (z. B. als Bezirksoffizier ꝛc.) übertragen, so zählen sie unter Ziffer 1;

---

[1]) Hiernach haben die Militärbeamten jetzt den unbeschränkten Militärgerichtsstand, wogegen die Civilbeamten der Militärverwaltung der Militärgerichtsbarkeit überhaupt nicht mehr unterstehen, es sei denn, daß ihnen ausdrücklich Militärrang verliehen würde, in welchem Fall sie zu den Militärbeamten zählen, oder daß sie während eines gegen das Deutsche Reich ausgebrochenen Krieges sich beim kriegführenden Heere befinden oder ihm folgen, in welchem Falle die Z. 8 unten auf sie Anwendung findet. — In beiden Beziehungen abweichend das bisherige württ. Recht, wonach sowohl Militärbeamte als Civilbeamte der Militärverwaltung zwar im Prinzip den Militärgerichtsstand hatten, wegen der gemeinstrafrechtlichen Delikte aber der Civilgerichtsbarkeit zu überlassen waren, sofern nicht wegen Konkurrenz eines Dienstvergehens oder aus sonstigen dringenden Gründen die Behauptung der Militärjurisdiktion nöthig wurde (Art. 129, Z. 5 M.St.G. von 1818). — Die Civilbeamten der Militärverwaltung sind auch den materiellen Militärstrafgesetzen sowie der Disz.St.O. nicht unterworfen (vgl. §. 4 M.St.G.B.; § 2 Disz.St.O.)

[2]) Auch wenn ein Fahnenflüchtiger während der unerlaubten Abwesenheit von einem bürgerlichen Gericht in Unkenntniß seiner Eigenschaft als Militärperson zu Zuchthaus verurtheilt wurde, bleibt hinsichtlich der vorher verübten Delikte die Militärgerichtsbarkeit gegen ihn begründet. So die bisherige preuß. und württ. Praxis (vgl. auch Solms S. 206 A. 2). Uebrigens kann die Thatsache der Zugehörigkeit eines civilgerichtlich Verurtheilten zum aktiven Heer auch noch in der Revisionsinstanz mit Erfolg geltend gemacht werden. R.G.E. 27, 143. — Auch eine nach Verurtheilung zu Zuchthaus gesetzwidrig ins Heer eingestellte Person hat während ihrer thatsächlichen Zugehörigkeit zum Heer den Militärgerichtsstand. Vgl. Koppmann S. 42 und dort cit. Entsch. des bayr. Gen.Aud., ebenso die preuß. und württ. Praxis.

[3]) In Württemberg hatten die Offiziere z. D. nach A. 4 Z. 2 Ges. vom 17. August 1849 bisher nicht den Militärgerichtsstand. Anders in Preußen und Bayern.

3. die Studirenden der Kaiser Wilhelms-Akademie für das militärärztliche Bildungswesen;

4. die Schiffsjungen, solange sie eingeschifft sind;

5. die in militärischen Anstalten versorgten invaliden Offiziere und Mannschaften;[1])

6. die nicht zum Soldatenstand gehörigen Offiziere à la suite und Sanitätsoffiziere à la suite, wenn und solange sie zu vorübergehender Dienstleistung zugelassen sind;[2])

7. die verabschiedeten Offiziere, Sanitätsoffiziere und Ingenieure des Soldatenstandes, wenn und solange sie als solche oder als Militärbeamte im aktiven Heere vorübergehend wieder Verwendung finden;[3])

8. die in den §§. 155, 157, 158, 166 Militärstrafgesetzbuchs bezeichneten Personen, solange sie den (materiellen) Militärstrafgesetzen unterworfen sind; es sind dies:

a) nach §. 155: während eines gegen das deutsche Reich ausgebrochenen Kriegs alle Personen, welche sich in irgend einem Dienst- oder Vertragsverhältniß bei dem kriegführenden Heere befinden oder sonst sich bei demselben aufhalten oder ihm folgen (z. B. als Berichterstatter 2c.);

b) nach §. 157: ausländische Offiziere, welche zu dem kriegführenden Heere zugelassen sind, desgleichen das Gefolge solcher Offiziere, wenn nicht der Kaiser besondere Bestimmungen getroffen hat;

c) nach §. 158: die Kriegsgefangenen;

---

[1]) Die im Heere dienstlich verwendeten Halbinvaliden (z. B. Arresthausaufseher 2c.) gehören zum aktiven Dienststand, vgl. §. 79 Reichspensionsges. vom 27. Juni 1871; v. Marck II, S. 69 A. 2.

[2]) Hierunter werden diejenigen Offiziere à la suite der Armee oder eines Kontingents bezw. die Sanitätsoffiziere à la suite des Sanitätskorps verstanden, welche nicht als zum aktiven Heer gehörig anzusehen sind, im Unterschied von den Offizieren à la suite von Truppentheilen, die zum aktiven Heer gehören, gleichviel, ob sie in einer etatsmäßigen Stelle stehen oder ohne Kompetenzen auf längere Zeit beurlaubt sind (Begr. S. 64). Für Bayern zu vergl. A.V.O. vom 2. Dezember 1882 (V.Bl. S. 546).

[3]) Im Uebrigen ist der Militärgerichtsstand der mit Pension verabschiedeten Offiziere, soweit er nach Landesgesetz noch bestand (in Preußen und Bayern) schon durch R.Ges. vom 8. Mai 1890 aufgehoben worden, mag die Verabschiedung mit oder ohne das Recht zum Tragen der Offiziersuniform erfolgt sein. Gegen pensionirte Offiziere (im Unterschied von den zur Disposition gestellten) kann daher auf den gemäß §. 88 M.St.G.B. an Stelle der Entfernung aus dem Heer tretenden Verlust des Offiziertitels bezw. auf den an Stelle der Dienstentlassung tretenden Verlust des Rechts zum Tragen der Offiziers-Uniform nur noch im civilgerichtlichen Verfahren, oder, falls das Civilgericht hierauf nicht erkannt, im ehrengerichtlichen Verfahren erkannt werden (§. 53 der preuß. A.V.O. über die Ehrengerichte vom 2. Mai 1874). Hinsichtlich der materiellen Voraussetzungen des Eintritts der genannten Ehrenstrafen gegen verabschiedete Offiziere bleiben jedoch auch für die bürgerlichen Gerichte die §§. 81, 88, 84, 37 M.St.G.B. (nicht der §. 33 St.G.B.) maßgebend, denn es handelt sich hier um materiellrechtliche Bestimmungen, welche durch das R.Ges. vom 8. Mai 1890 nicht aufgehoben sind. A. A. Solms S. 48 Anm. 1.

d) nach §. 166: die Angestellten eines Schiffes[1]) und solange ein Schiff sich im Kriegszustand befindet, auch alle andern an Bord dienstlich eingeschifften Personen.

9. Die Mitglieder der Landgendarmeriekorps, sofern sie nach den von der Militärstrafgerichtsordnung unberührt gebliebenen Landesgesetzen der Militärstrafgerichtsbarkeit in vollem Umfang unterstellt sind (vgl. §. 2 E.G. z. M.St.G.O.). Dies ist in Preußen, Baden, Hessen und Elsaß-Lothringen hinsichtlich sämmtlicher Mitglieder der Gendarmeriekorps der Fall, da dieselben dort zu den Militärpersonen des aktiven Heeres zählen.[2]) In Württemberg und Bayern gilt dies dagegen nur hinsichtlich der Offiziere des Landjäger- bezw. Gendarmeriekorps, welchen die Eigenschaft als aktive Offiziere vorbehalten ist.[3])

10. Den unbeschränkten Militärgerichtsstand haben auch die Angehörigen der Schutztruppen (R.G. vom 9. Juni 1895 und 7. Juli 1896, R.G.Bl. von 1895 S. 258, von 1896 S. 653; Kais. V.O. vom 26. Juli 1896), sowie die deutsche Besatzung in Ostasien (R.Ges. vom 25. Juni 1900).[4])

II. Sachlicher Umfang des ordentlichen Militärgerichtsstandes.

I. Der ordentliche (unbeschränkte) Militärgerichtsstand einer unter I. genannten Person umfaßt nach dem im Entwurf der Militärstrafgerichtsordnung ausnahmslos durchgeführten, durch die Beschlüsse der Reichstagskommission jedoch mehrfach modifizirten Prinzip[5]) alle

---

[1]) Unter „Schiff" ist hier jedes Fahrzeug der Marine zu verstehen, auf welchem ein militärischer Befehlshaber nebst Besatzung eingeschifft ist, also in Kriegszeiten auch die vom Staat für Marinezwecke gemietheten sowie die gekaperten Schiffe privater Eigenthümer (vgl. §. 168 M.St.G.B.).

[2]) Vgl. Begr. S. 182. Für Preußen §. 11 der A.V.O. vom 30. Dezember 1820 sowie A.V.O. vom 23. Mai 1867. Für Elsaß-Lothringen: §. 1 Z. 8 seiner bisherigen M.St.G.O. u. Ges. vom 20. Juni 1872. Vgl. auch die preuß. Ausf.-Bestimmungen zu §. 87 M.St.G.O. Z. 1, 8 u. 5, wonach gegen Angehörige des Gendarmeriekorps die niedere Gerichtsbarkeit den Gendarmerie-Brigadiers, die höhere in 1. Instanz den Divisionskommandeuren, in 2. Instanz dem Chef der Landgendarmerie zusteht. — In materiellrechtlicher Hinsicht finden auf die Angehörigen der Gendarmeriekorps in Preußen und denjenigen Bundesstaaten, in denen die preuß. Militär-Gesetzgebung eingeführt ist, außer dem M.St.G.B. noch die §§. 48 Abs. 2 und 8 und 188 des preuß. M.St.G.B. vom 3. April 1845 Anwendung, vgl. hierzu Solms S. 4 f.

[3]) Für Württemberg vgl. K.V.O. vom 11. Oktober 1898 (Reg.Bl. S. 225) §. 15. — Für Bayern vgl. Koppmann S. 4 und unten S. 48. — Hinsichtlich der übrigen Angehörigen des bayr. und württ. Gendarmerie- bezw. Landjägerkorps vgl. unten S. 48.

[4]) Auch für die Schutztruppen und die deutschen Truppen in Ostasien ist nunmehr die M.St.G.O. v. 1. Dez. 1898 eingeführt, vgl. das oben cit. R.Ges. vom 25. Juni 1900 u. Kais. V.O. v. 18. Juli 1900.

[5]) Der Entwurf der M.St.G.O. steht hiebei auf dem Standpunkt, daß die

von dieser Person verübten strafbaren Handlungen des bürgerlichen und Militärstrafgesetzbuchs, also auch die sog. Kapitalverbrechen[1]), sowie die im bürgerlichen Strafprozeß dem Reichsgericht in erster Instanz zugewiesenen Verbrechen, endlich auch alle in den strafrechtlichen Nebengesetzen mit Strafe bedrohten Handlungen.[2])

II. Die Ausnahmen von diesem Prinzip sind folgende:

1. Die Untersuchung und Entscheidung wegen Zuwiderhandlungen gegen Finanz- und Polizeigesetze, Jagd- und Fischereigesetze, sowie gegen Verordnungen dieses Inhalts bleibt den bürgerlichen Behörden (also nicht nur Gerichten),[2a]) wenn die Handlung nur mit Geldstrafe und Einziehung oder mit einer dieser Strafen bedroht ist (§. 2 M.St.G.O.)

a) Finanzgesetze sind die gesetzlichen Vorschriften über die Erhebung öffentlicher Abgaben und Gefälle, also insbesondere die Steuer-, Zoll-, Stempel- 2c. Gesetze, ferner auch z. B. die §§. 27 ff. R.Post-Ges. vom 28. Oktober 1871,[3]) das preuß. Ges. vom 29. Juli 1885 betr. das Spiel in Lotterieen;[4])

b) Jagd- und Fischereigesetze: vgl. für Preußen das Jagdpolizeigesetz vom 7. März 1850[5]) und Fischereigesetz vom 30. Mai 1874[6]) (30. März 1880); für Württemberg: Jagdgesetz vom 27. Oktober 1855,[7]) Fischereigesetz vom 27. November 1865,[8]) beide in Verbindung mit Artikel 39 Ziffer 1 und 2, des Polizeistrafgesetzes vom 27. November 1871;[9]) für Bayern Gesetz vom 30. März 1850 in Verbindung mit Kgl. Verordnung vom 5. Oktober 1863[10]) und §. 11 Ausführungsgesetzes zur Strafprozeßordnung vom 18. August 1879;[11])

---

militärische Disziplin mit der unbedingten, jede fremde Einwirkung ausschließenden Kommandogewalt stehe und falle, daß daher jede neben der Kommandogewalt von außen her sich einschiebende selbständige Gewalt, wie es die bürgerliche Gerichtsbarkeit über Militärpersonen wäre, die Autorität der Kommandogewalt schwäche und die Disziplin gefährde (Begr. S. 45).

[1]) Nach Art. 129 Z. 8 des württ. Mil.St.G. von 1818 war die Aburtheilung eines nichtmilitärischen Kapitalverbrechens in Württemberg bisher den Civilgerichten zu überlassen.

[2]) Einschließlich der sog. Ordnungsstrafen (soweit sie nicht nach dem Folgenden zur bürgerlichen Zuständigkeit gehören), denn auch auf solche Ordnungsstrafen findet der oben Anm. 5 genannte legislatorische Grundsatz Anwendung.

[2a]) Es ist also insoweit auch polizeiliche Strafverfügung zulässig. Vgl. auch §. 11 preuß. Ges. vom 28. April 1888 (G.S. S. 651).

[3]) R.G.Bl. S. 347 ff.

[4]) Pr.G.S. 1885 S. 317.

[4a]) Ueber das Verwaltungsstrafverfahren in den einzelnen Bundesstaaten vgl. Birkmeyer S. 51 und 779 ff.

[5]) Pr.G.S. 1850 S. 165.

[6]) Pr.G.S. 1874 S. 197.

[7]) Württ.Reg.Bl. S. 228.

[8]) Württ.Reg.Bl. S. 499.

[9]) Württ.Reg.Bl. S. 391, neue Fassung durch Ges. vom 4. Juli 1898 (Reg.Bl. S. 166).

[10]) Bayr.G.Bl. S. 1654.

[11]) Bayr.G.Bl. S. 781.

c) der aus den bisherigen Militärprozeßgesetzen herübergenommene Begriff der Zuwiderhandlungen gegen „Polizeigesetze“ ist dem geltenden Strafrecht sonst fremd und daher hinsichtlich seiner Bedeutung zweifelhaft. Es fragt sich, ob darunter lediglich die (reichs- und landesrechtlichen) Uebertretungen im Sinn des §. 1 Absatz 3 Strafgesetzbuchs verstanden sind, oder etwa alle Zuwiderhandlungen (also auch Vergehen) gegen diejenigen reichs- (oder nur landes?)-rechtlichen Strafbestimmungen, welche polizeilichen Inhalt haben, also das sogenannte Polizeiunrecht im Gegensatz zum Kriminalunrecht, oder endlich nur die Uebertretungen, soweit sie gemäß §. 453 Strafprozeßordnung durch polizeiliche Strafverfügung abrügbar sind?

Für die letztgenannte Einschränkung liegt jedenfalls kein Grund vor. Die zweitgenannte Auffassung wäre praktisch kaum durchführbar, da die Unterscheidung zwischen Polizei- und Kriminalunrecht im geltenden Strafrecht nicht verwerthet ist, und es daher an jedem objektiven Kriterium zur Bestimmung der Polizeigesetze in diesem Sinne fehlen würde.[1] Es bleibt also nur übrig, unter den Zuwiderhandlungen gegen die Polizeigesetze die Uebertretungen im Sinne des Reichs- und Landesstrafrechts, soweit sie nur mit Geldstrafe und Einziehung oder mit einer dieser Strafen bedroht sind, zu verstehen und zwar ohne Unterschied, ob sie in einem Gesetz oder in einer mit Gesetzeskraft erlassenen Strafverordnung vorgesehen sind;[2] [3]

---

[1]) Vgl. H. Meyer S. 10 und 29. — Es könnten bei dieser Auslegung des Begriffs „Zuwiderhandlungen gegen Polizeigesetze“ auch manche nur mit Geldstrafe bedrohte Vergehen des St.G.B. unter den §. 2 M.St.G.O. fallen, was ohne Zweifel vom Gesetzgeber nicht gewollt ist. A.M. anscheinend Solms S. 196 Note 2, wonach allgemein auch die nur mit Geldstrafe oder Einziehung bedrohten Vergehen gegen „Polizeigesetze“ unter den §. 3 Abs. 1 der bisherigen preuß. M.St.G.O. (welcher im wesentlichen dem §. 2 M.St.G.O. entspricht) fallen würden. Aehnlich Daude, S. 21. Allein wo ist dann die Grenze zwischen den unter die bürg. Gerichtsbarkeit fallenden Vergehen gegen „Polizeigesetze“ und den übrigen nur mit Geldstrafe bedrohten Vergehen?

[2]) In diesem Sinn wurde bisher auch die analoge Bestimmung des württ. Ges. vom 17. August 1849 Art. 5 Z. 1b, ausgelegt, welche ausdrücklich von „Uebertretungen der Polizeigesetze“ sprach. — Der entsprechende Art. 2 Bayr.M.St.G.O. spricht von „Kontraventionen in Bezug auf Zoll- rc. Gefälle, dann von Uebertretungen und durch besondere Reichsgesetze mit Strafe bedrohten Handlungen.“ — Daraus, daß in §. 15 M.St.G.O. die „Uebertretungen“ ohne ausdrückliche Ausnahme der niederen Militär-Gerichtsbarkeit zugewiesen sind, läßt sich gegen die oben vertretene Auffassung nichts folgern, da hier nur die Uebertretungen gemeint sein können, insoweit sie nach §. 2 M.St.G.O. überhaupt unter Militärgerichtsbarkeit fallen.

[3]) Von reichsgesetzlichen Uebertretungen gehören beispielsweise hierher diejenigen der §§. 364, 365 Abs. 1 St.G.B. (die einzigen nur mit Geldstrafe oder Einziehung bedrohten Uebertretungen des St.G.B.), ferner §§. 14, 15 Impf.-Ges. vom 8. April 1874; §. 62 Bahnpolizeireglements vom 30. November 1885; ferner die nur mit Geldstrafe bedrohten Uebertretungen (nicht auch Vergehen) der R.Gewerbeordnung

d) die Frage, ob auch die in zahlreichen Reichs- und Landesgesetzen angedrohten Ordnungsstrafen nur unter der im §. 2 Militärstrafgerichtsordnung genannten Voraussetzung zur bürgerlichen Zuständigkeit gehören, dürfte zu bejahen sein,[1]) denn auch hier handelt es sich um Zuwiderhandlungen gegen „Polizeigesetze" und um wirkliche Strafen,[2]) deren Verhängung daher gemäß §. 1 Militärstrafgerichtsordnung, soweit nicht die Ausnahme des §. 2 Militärstrafgerichtsordnung zutrifft, zur militärischen Zuständigkeit gehört;[2a])

---

und der R.Versicherungsgesetze u. a. — Von preuß. Landesgesetzen vgl. z. B. die Uebertretungen gegen das Forstdiebstahl-Ges. vom 15. April 1878 (G.S. S. 222) mit Ausnahme der in §§. 6 und 8 dieses Ges. vorgesehenen; ferner §. 88 des Forstpol.-Ges. vom 1. April 1880 (G.S. S. 280) u. a. — Von württ. Landesgesetzen vgl. die lediglich mit Geldstrafe bedrohten Uebertretungen gegen Art. 9, 18, 20, 22, 29, 80, 84, 85, 87, 88, 89, 42, 49, Z. 4, 5 und 8 des Pol.Str.Ges. vom 27. Dezember 1871 (Reg.Bl. S. 891), in der abgeänderten Fassung vom 4. Juli 1898 (Reg.Bl. S. 149); ferner Art. 20, 21, 22 Forstpol.Ges. vom 8. September 1879 (Reg.Bl. S. 817).

[1]) A. M. anscheinend Weiffenbach S. 25.

[2]) Vgl. H. Meyer, S. 8 f.

[2a]) Ausdrücklich ist der Militärgerichtsbarkeit ausschließlich zugewiesen die Festsetzung der in §§. 50, 69, 77 St.P.O., 880, 890, 409 C.P.O. angedrohten Ordnungsstrafen und zwar, wie sich aus den Mot. z. St.P.O. S. 47 f. ergiebt, „weil es ungerechtfertigt erscheinen mußte, das in der Militärstrafgesetzgebung bisher anerkannte Prinzip zu durchbrechen, wonach Militärpersonen während ihres aktiven Dienststandes nur von den militärischen Instanzen mit Freiheitsstrafen belegt werden dürfen". — Da dieses Prinzip auch die M.St.G.O. beherrscht (wie eben der §. 2 beweist), so kann nicht angenommen werden, daß der Gesetzgeber die sonstigen Ordnungsstrafen im Widerspruch mit diesem Grundsatz, auch wenn sie nicht ausschließlich Geldstrafe androhen, schlechthin der bürgerlichen Zuständigkeit habe überlassen wollen. In Ermangelung einer gegentheiligen Bestimmung ist vielmehr anzunehmen, daß auch auf alle übrigen Ordnungsstrafen der Grundsatz des §. 2 M.St.G.O. zu erstrecken sei. — Aus dem Gesagten ergiebt sich, daß auch die in §§. 178 ff. G.V.G. vorgesehenen Sitzungspolizeistrafen (mit Ausnahme der in §. 178 cit. genannten Entfernung aus dem Sitzungszimmer, welche keine Strafe darstellt), sowie die in Art. 88 preuß. Ausf.Ges. u. Art. 88 württ. Ausf.Ges. z. G.V.G. angedrohten Ordnungsstrafen, da sie wahlweise Haft- und Geldstrafe zulassen, gegen die dem ordentlichen Militärgerichtsstand unterworfenen Personen in bürgerlichen Prozessen nicht von den Civilgerichten selbst, sondern auf deren Ersuchen von den Militärbehörden festzusetzen und zu vollstrecken sind, mag es sich um Haft oder Geldstrafe handeln. — Ebenso schon für das bisherige Recht, gestützt auf den oben erwähnten Grundsatz. v. Marck II. Theil S. 142; Löwe, Note 2 zu §. 178 G.V.G. (wenigstens bezüglich der Haft); A. M. die Berichte des württ. Kassationshofes an das Justizministerium vom 16. Februar und 18. Oktober 1876, wogegen wiederum ein Bericht der Justizabtheilung des württ. Kriegsministeriums sich für die hier vertretene Ansicht ausspricht. — Daraus, daß nach §. 290 M.St.G.O. die Militärgerichte Sitzungspolizeistrafen auch gegen Civilpersonen festsetzen und vollstrecken können, folgt nichts gegen die oben vertretene Auffassung, da die besonderen Rücksichten der eine fremde Strafgewalt ausschließenden militärischen Disziplin hier wegfallen. — Für die Art und Weise der Festsetzung von Ordnungsstrafen durch die Militärbehörden fehlt es allerdings in der M.St.G.O. an einer Bestimmung. Falls nicht Disziplinarbestrafung wegen Verfehlung gegen die militärische Zucht und Ordnung eintreten

e) Es verbleiben hienach der ausschließlichen militärgerichtlichen Zuständigkeit:

α) alle auch nur wahlweise mit Haft oder einer anderen Freiheitsstrafe bedrohten strafbaren Handlungen (einschließlich der Ordnungsverfehlungen), ohne Rücksicht auf die in concreto in Aussicht zu nehmende Strafe;[1])

β) alle nur mit Geldstrafe oder Einziehung reichs- oder landesrechtlich bedrohten Vergehen im Sinne des §. 1 St.G.B. (mit Ausnahme der in Finanz-, Jagd- und Fischereigesetzen enthaltenen).[2])

f) Daß die in §. 2 der Militärstrafgerichtsordnung genannten Zuwiderhandlungen auch dann stets unter die Militärgerichtsbarkeit fallen, wenn sie mit einem andern, zur militärgerichtlichen Zuständigkeit gehörigen Delikt (ideal oder real) zusammentreffen, sagt zwar das Gesetz nicht ausdrücklich; es wird dies aber aus dem in den §§. 3 Abs. 2, 9 Abs. 2, 10 Abs. 2 der Militärstrafgerichtsordnung anerkannten analogen Grundsatz[3]) sowie daraus zu folgern sein, daß das bisherige preußische (sächsische) und bayrische Recht, welches nach den Verhandlungen der Reichstagskommission durch den §. 2 der Militärstrafgerichtsordnung lediglich aufrecht erhalten werden sollte, dies ausdrücklich bestimmt hatte.[4])

Dagegen wird dadurch, daß die lediglich mit Geldstrafe bedrohte Zuwiderhandlung gegen die oben genannten Gesetze sich vom militärischen Standpunkte zugleich als eine Verfehlung gegen die Disziplin darstellt, die Zuständigkeit der bürgerlichen Behörden zur Verhängung der angedrohten Geldstrafe an sich nicht ausgeschlossen,[5]) es sei denn, daß es sich um ein im

---

kann (§. 1 Z. 1 Disz. St.O.), dürfte der §. 19 E.G. z. M.St.G.O., der die Festsetzung der Ordnungsstrafen aus §§. 50 &c. St.P.O. gegen aktive Militärpersonen dem Gerichtsherrn zuweist, analog anzuwenden sein.

[1]) Die bloße Substituirung einer Freiheitsstrafe für den Fall des Unvermögens im Gesetz schließt noch nicht die bürgerliche Zuständigkeit aus, da es sich in solchen Fällen nicht um die alternative, sondern nur um die eventuelle (subsidiäre) Androhung einer Freiheitsstrafe handelt. Vgl. Rundschr. des preuß. Gen.Aud. vom 10. März 1868 (Solms S. 196) und Erk. des früheren preuß. Obertribunals vom 10. September 1876 (Oppenhof, Rechtsprechung Bd. 17, S. 624). Die bürgerliche Zuständigkeit ist somit z. B. begründet in den Fällen der §§ 60c Abs. 1, 149 R.Gewerbeordnung vom 1. Juli 1888, sowie der §§. 16, 17, 18, 28 des preuß. Jagdpolizeigesetzes vom 7. März 1850.

[2]) Bei Zuwiderhandlungen gegen die zuletzt genannten Gesetze liegt wohl kein Anlaß vor, die Zuständigkeit der bürgerlichen Behörden auf die eigentlichen „Uebertretungen" i. S. des §. 1 St.G.B. zu beschränken.

[3]) Vgl. unten Z. 2.

[4]) Vgl. §. 3 Abs. 2 Pr.M.St.G.O.; §. 2 Abs. 4 Bayr.M.St.G.O. und hiezu Komm.Ber. S. 8.

[5]) Durch eine Disziplinarbestrafung wird die kriminelle Bestrafung derselben Handlung nicht ausgeschlossen noch umgekehrt die erstere durch die letztere, da beide

Militärstrafgesetzbuch bedrohtes Verbrechen oder Vergehen handelt (in welchem Fall der obengenannte Grundsatz Platz greift), oder aber um die Uebertretung einer lediglich militärpolizeilichen Anordnung, in welchem Fall die Ausnahme des §. 2 Militärstrafgerichtsordnung überhaupt nicht Platz greift.[1])

2. Der bürgerlichen Strafgerichtsbarkeit sind ferner durch §. 3 der Militärstrafgerichtsordnung zugewiesen die Amtsverbrechen und -vergehen, welche von den nicht dem Offizierstand angehörigen Militärpersonen des aktiven Heeres bei einstweiliger Verwendung im Civildienst des Reichs, eines Bundesstaats oder einer Gemeinde begangen werden, sofern damit nicht eine Zuwiderhandlung gegen die Militärstrafgesetze zusammentrifft.[2])

Unter Zusammentreffen ist hier sowohl wie in den unten zu nennenden Fällen der §§. 9 Abs. 2, 10 Abs. 2 Militärstrafgerichtsordnung nicht nur das ideale, sondern auch das reale Zusammentreffen (§§. 73, 74 St.G.B.) zu verstehen, da grundsätzlich das militärische Delikt jedes gleichzeitig abzuurtheilende andere Delikt vor das militärische Forum nachzieht.[3])

Strafen auf verschiedenen Rechtsgründen beruhen, so wenig als die kriminelle Freisprechung die Disziplinarbestrafung wegen derselben Handlung ausschließt. Vgl. Begr. S. 180; Löwe S. 458, Note 29a zum II. Buch der St.P.O.; H. Meyer, 4. Aufl. S. 15. In Art. 8 Bayr.M.St.G.O. war dies ausdrücklich ausgesprochen. — Auch, wenn die Disziplinarbestrafung gemäß §. 8 Abs. 2 E.G. z. M.St.G.B. wegen eines im M.St.G.B. bedrohten Vergehens erfolgt ist, ist eine anderweite Strafverfolgung derselben Handlung nur insoweit ausgeschlossen, als es sich um ein Vergehen handelt, das überhaupt nach §. 8 cit. im Disziplinarwege geahndet werden konnte, nicht aber auch wegen eines andern in derselben Handlung gefundenen strafbaren Thatbestandes, der überhaupt nur im gerichtlichen Strafverfahren abgeurtheilt werden kann. Vgl. §. 157 M.St.G.O. und hiezu Begr. S. 114, auch R.G.E. 22, 1.

1) Vgl. A.K.O. vom 19. August 1847 betr. Deklaration des §. 8 Pr.M.St.G.O. (Pr.G.S. 1847 S. 884), die zwar formell ihre Geltung durch Aufhebung der preuß. M.St.G.O. verloren hat, aber dennoch für die Interpretation des §. 2 M.St.G.O. von Bedeutung ist.

2) Die im Interesse ihrer Civilversorgung bei Civilbehörden kommandirten oder beurlaubten Militärpersonen bleiben rücksichtlich militärischer Disziplinarvergehen (§. 1 Z. 1 Disz.St.O.) der Disziplinarstrafgewalt der Militärbehörden unterworfen. Ebenso liegt die Vollstreckung der wegen solcher Vergehen verhängten Disziplinarstrafen den Militärbehörden ob. Pr.K.Min.Erl. vom 10. Oktober 1891 (A.V.Bl. S. 288), Württ. K.Min.Erl. vom 27. April 1892 (M.V.Bl. S. 114).

3) Vgl. Begr. S. 71; auch R.G.E. 25, 848 (auf die für diese Bestimmungen vorbildliche Preuß.M.St.G.O. bezüglich). Ebenso Weiffenbach S. 12 Nr. 2. — Trifft dagegen mit dem Amtsdelikte ein andres gemeinstrafrechtliches Delikt real zusammen, so hängt es wohl vom Ermessen des Militärgerichts (Gerichtsherrn) ab, ob auch das letztere, an sich zur militärischen Zuständigkeit gehörige Delikt der Civilgerichtsbarkeit überlassen werden will oder nicht. E contrario ergiebt sich aus §. 3 Abs. 2 M.St.G.O. nur, daß in diesem Fall nicht für beide Delikte die Militärgerichtsbarkeit begründet ist, nicht aber, daß umgekehrt für beide die obligatorische Civilgerichtsbarkeit begründet wäre.

III. Zeitliche Abgrenzung des ordentlichen Militärgerichtsstandes.

Die neue Militärstrafgerichtsordnung hat den ordentlichen Militärgerichtsstand einer Person nicht auf die während der Dauer des militärischen Dienstverhältnisses von ihr verübten und anhängig werdenden strafbaren Handlungen beschränkt, sondern ihn im Anschluß an das bisherige preußische Recht nach zweifacher Richtung ausgedehnt, einmal, indem sie ihn grundsätzlich auf die vor dem Diensteintritt verübten Strafthaten erstreckt, sodann, indem sie ihn grundsätzlich auch nach Beendigung des Dienstverhältnisses hinsichtlich der vorher verübten Delikte fortdauern läßt.

Beide Prinzipien sind jedoch von mehrfachen Ausnahmen durchbrochen, wie sich aus dem Folgenden ergeben wird.

A. Der Militärgerichtsstand hinsichtlich der vor dem Diensteintritt verübten Delikte.

I. Grundsatz ist nach §. 6 Militärstrafgerichtsordnung, daß die Militärpersonen des aktiven Heeres (vgl. oben S. 12) auch wegen der vor dem Diensteintritt begangenen strafbaren Handlungen der Militärgerichtsbarkeit unterstehen (sofern solche Handlungen nach dem unter II. oben Ausgeführten überhaupt unter die Militärgerichtsbarkeit fallen).[1])

II. Ausnahmen von diesem Grundsatz bestehen:

1. Hinsichtlich der zur Erfüllung ihrer gesetzlichen oder freiwillig übernommenen Dienstpflicht in das Heer eingestellten Militärpersonen[2]) unter folgenden Voraussetzungen (§. 7 M.St.G.O.):

a) War gegen eine solche Militärperson vor dem Diensteintritt (d. h. vor dem Zeitpunkt ihrer Zugehörigkeit zum aktiven Heer, vgl. oben S. 13) wegen einer Zuwiderhandlung gegen die allgemeinen Strafgesetze ein verurtheilendes oder freisprechendes Urtheil ergangen oder ein Strafbefehl zu-

---

[1]) Die M.St.G.O. geht hiebei von dem Grundsatz aus, daß der Soldat aus Gründen der Disziplin und des militärischen Dienstes keiner andern Gerichtsbarkeit unterstellt sein solle (Komm.Ber. S. 17). — Nach bisherigem Württ. Recht gehörten die vor dem Diensteintritt verübten Delikte ausnahmslos vor die Civilgerichte (A. 5 Z. 2 Ges. vom 17. August 1849), in Bayern wenigstens dann, wenn beim Civilgericht vor dem Diensteintritt die Strafverfolgung eingeleitet war (A. 8 Bayr.M.St.G.O.). Auch in Preußen (Pr.M.St.G.O. §. 9 f.) war formell die civilgerichtliche Zuständigkeit als Regel, die militärgerichtliche als Ausnahme behandelt, wenn auch inhaltlich die Bestimmungen der Pr.M.St.G.O. sich mit denen der neuen M.St.G.O. im wesentlichen decken.

[2]) Zu diesen Personen gehören nicht auch die Offiziere und Militärbeamten, denn sie werden nicht in das Heer eingestellt, sonden im Herr angestellt (§. 38 A Z. 1 R.M.Ges.) Ausnahmen aber sind strikt zu interpretiren. — So auch Weiffenbach S. 15 und bezüglich des bisherigen §. 9 Pr.M.St.G.O. v. Marck II, S. 133 Anm. 4.

gestellt, so bleibt die bürgerliche Zuständigkeit auch nach dem Diensteintritt begründet.

Maßgebend ist sonach beim Urtheil der Zeitpunkt der Verkündung (§. 267 St.P.O.), beim Strafbefehl derjenige der Zustellung.[1])

Dagegen ist Rechtskraft des Urtheils bezw. Strafbefehls zur Zeit des Diensteintritts nicht erforderlich. Es verbleibt daher auch dann, wenn ein vor dem Diensteintritt des Angeklagten verkündetes Urtheil erster Instanz auf eingelegte Revision nach erfolgtem Diensteintritt aufgehoben und zur nochmaligen Verhandlung in die erste Instanz zurückverwiesen wird, die erneute Verhandlung und Entscheidung dem bürgerlichen Gerichte, da die Wirkungen des erstinstanzlichen Urtheiles nicht etwa rückwärts wieder aufgehoben werden.[2])

Nur ein auf Verurtheilung oder Freisprechung lautendes Urtheil oder ein Strafbefehl begründet die Fortdauer der bürgerlichen Strafgerichtsbarkeit für ein anhängiges Strafverfahren, also nicht ein auf Einstellung des Verfahrens oder Unzulässigkeit der Strafverfolgung (§. 259 St.P.O.) lautendes Urtheil noch ein die Unzuständigkeit des Gerichts aussprechender Beschluß (§. 270 St.P.O.) noch der Beschluß über Eröffnung des Hauptverfahrens (§. 201 St.P.O.). Ebenso schließt eine vor dem Diensteintritt erlassene polizeiliche Strafverfügung wegen einer (nicht unter die Ausnahme des §. 2 Militärstrafgerichtsordnung fallenden) Uebertretung die militärgerichtliche Zuständigkeit hinsichtlich derselben Uebertretung nach dem Diensteintritt nur dann aus, wenn die Strafverfügung vor dem Diensteintritt unanfechtbar geworden und die Polizeibehörde zu ihrem Erlaß überhaupt befugt war.[3]) Andernfalls ist mit dem Diensteintritt die militärgerichtliche Zuständigkeit für die Uebertretung begründet und wird die polizeiliche Strafverfügung ohne weiteres unwirksam, mag nun Antrag auf gerichtliche Entscheidung dagegen gestellt bezw. Beschwerde erhoben sein oder nicht.[4])

b) Die mit dem Diensteintritt an sich erloschene bürgerliche

---

[1]) Bloße Anordnung oder Versuch der Zustellung genügt nicht.

[2]) Vgl. R.G.E. 22, 316 (auf den analogen §. 11 Pr.M.St.G.O. bezüglich).

[3]) Ist die Strafverfügung vor dem Diensteintritt schon vollstreckbar geworden, so steht einem weiteren militärgerichtlichen Strafverfahren wegen derselben Handlung der Satz ne bis in idem entgegen, es sei denn, daß die Handlung nachträglich bei richtiger Beurtheilung sich gar nicht als eine innerhalb der polizeilichen Strafbefugniß liegende Uebertretung, sondern als ein gerichtlich zu verfolgendes Verbrechen oder Vergehen darstellt, in welchem Fall dann für das weitere Verfahren die Militärgerichtsbarkeit begründet wäre. Vgl. preuß. Ges. vom 23. April 1883 Art. 10, württ. Ges. vom 12. August 1879 A. 24; R.G.E. 2, 211; Rspr. 5, 570. E. 22, 282. Löwe, Note 29a zum II. Buch, 1. Abschnitt der St.P.O.

[4]) Ueber den in solchen Fällen möglichen Kompetenzkonflikt vgl. unten S. 65 Anm. 3.

Strafgerichtsbarkeit lebt ferner hinsichtlich der vorher begangenen Zuwiderhandlungen gegen die allgemeinen Strafgesetze wieder auf, wenn die Entlassung des Thäters zur Disposition der Ersatzbehörden erfolgt.

Die Entlassung findet nach §. 7 Z. 2 Militärstrafgerichtsordnung statt, wenn eine Verurtheilung zu einer Freiheitsstrafe von mehr als sechs Wochen oder im Fall der Verurtheilung zu einer Geldstrafe die Vollstreckung einer an deren Stelle tretenden Freiheitsstrafe von gleicher Dauer zu erwarten ist, und zwar ohne Unterschied, ob wegen der strafbaren Handlung vor der Einstellung schon ein bürgerliches Strafverfahren eingeleitet war[1]) oder ob das Delikt überhaupt erst nach dem Diensteintritt des Thäters zur Sprache kommt.[2])

Hiernach haben die bürgerlichen Strafgerichte alle bei ihnen anhängigen Strafsachen, sofern nicht schon ein Urtheil ergangen oder ein Strafbefehl zugestellt war oder gemäß §. 2 Militärstrafgerichtsordnung die Militärgerichtsbarkeit ausgeschlossen ist, nach der Einstellung bezw. dem freiwilligen Eintritt des Beschuldigten in das aktive Heer (Marine) zunächst an das zuständige Militärgericht[3]) abzugeben, da von diesem Zeitpunkt

---

[1]) Nach §. 18 R.M.G. soll zwar ein Militärpflichtiger, der wegen einer strafbaren Handlung, die mit Zuchthaus oder dem Verlust der bürgerlichen Ehrenrechte bedroht ist, oder wegen deren die Verurtheilung zu einer mehr als 6wöchigen Freiheitsstrafe oder zu einer dieser Dauer entsprechenden Geldstrafe zu erwarten ist, sich in Untersuchung befindet, überhaupt nicht ins Heer eingestellt werden. Wenn jedoch die Militärbehörden hiervon nicht rechtzeitig benachrichtigt werden, so kann es leicht vorkommen, daß trotzdem die Einstellung erfolgt. Die möglichste Verhinderung solcher Fälle bezwecken die Verf. des preuß. Just.Min. vom 12. Juli 1881 (J.M.Bl. S. 159) und vom 23. Juli 1886 (J.M.Bl. S. 201), ferner die unten S. 101 A. 2 genannten bayr. und württ. Ministerial-Verfügungen.

[2]) Wenn auch der gesetzgeberische Grund der Ausnahmebestimmung (Ermöglichung gleichmäßiger und einheitlicher militärischer Ausbildung der Truppe und Verhinderung der Belastung der Truppe durch nachträgliche Einzelausbildung von Rekruten) wesentlich auf die eben neu eingestellten Rekruten zutrifft, so trifft die Bestimmung des Gesetzes doch ihrem Wortlaut nach auch auf Fälle zu, wo eine vor dem Diensteintritt verübte Strafthat erst später im Laufe der Dienstzeit zur Anzeige kommt.

[3]) Zuständig ist:

1. wegen der Uebertretungen sowie, wenn keine höhere Strafe als Freiheitsstrafe bis zu 6 Wochen oder Geldstrafe bis zu 150 M. allein oder in Verbindung miteinander zu erwarten ist, auch wegen der Vergehen gegen die §§. 123, 185 (nicht 186!), 223 (nicht 223 a!), 230, 241, 291, 293, 303 St.G.B., wegen der Zuwiderhandlungen gegen Forst- und Feldpolizeigesetze sowie gegen die Forst- (Holz-) Diebstahlsgesetze, im Felde außerdem wegen der Vergehen gegen die §§. 113, 242, 246, 292, 293, 296, 299, 304 St.G.B. der Gerichtsherr der niederen Gerichtsbarkeit hinsichtlich der zu seinem Befehlsbereich gehörenden nicht im Offiziersrang stehenden Personen (also in der Regel der Regimentskommandeur oder Kommandeur eines selbständigen Bataillons bezw. der Bezirkskommandeur hinsichtlich der ihm unterstellten aktiven Militärpersonen und Personen des Beurlaubtenstandes, im Uebrigen die in den landesgesetzlichen Ausführungsbestimmungen zu §. 87 M.St.G.O. bezeichneten weiteren Stellen) §§. 14—16, 19, 25, 26 M.St.G.O.

ab jeder weiteren Fortsetzung des civilgerichtlichen Verfahrens die rechtliche Grundlage fehlt.[1]) Dem Militärgericht (Gerichtsherrn) steht dann die Prüfung der Frage zu, ob eine 6 Wochen übersteigende Freiheitsstrafe zu erwarten sei (wobei es also lediglich auf die in concreto zu erkennende Strafe, nicht auf die Strafdrohung in abstracto ankommt).[2]) Gelangt das Militärgericht zur Bejahung dieser Frage, so hat es bei dem gemäß §. 82 Z. 2 Wehrordnung hierfür zuständigen Generalkommando die Entlassung des Beschuldigten zu beantragen, und zwar kann dieser Antrag vom Gerichtsherrn in jeder Lage des Verfahrens bis zur Hauptverhandlung gestellt werden, auch noch nach Erhebung der Anklage.[3]) Der kommandirende General ist als Gerichtsherr der höheren Instanz gemäß §. 24 Militärstrafgerichtsordnung bei abweichender Ansicht befugt, den ihm untergebenen Gerichtsherrn (Divisions-, Regimentskommandeur)

---

2. in allen übrigen Fällen der Gerichtsherr der höheren Gerichtsbarkeit, also in der Regel der Divisionskommandeur hinsichtlich der zu seinem Befehlsbereich gehörigen bezw. in seinem Bezirk wohnenden, unter Militärgerichtsbarkeit stehenden Personen, in der Garnison Berlin und in großen Festungen theilweise auch die Gouverneure, vgl. §§. 17, 20, 26, 80, 81 M.St.G.O. sowie die landesgesetzlichen, insbesondere preußischen Ausführungsbestimmungen zu §. 87 M.St.G.O. Der Bezirk der Divisionskommandeure umfaßt die Aushebungsbezirke der betr. Brigaden, (Ausf.-Best. zu §. 80 M.St.G.O.) Die Gerichtsbarkeit der Gouvernements offener Plätze, Garnisonkommandos, Infanteriebrigaden ist, soweit sie bisher bestand, aufgehoben. — Der zuständige niedere und höhere Gerichtsherr ergiebt sich für jeden einzelnen, zur preuß. Militärverwaltung gehörenden Truppenkörper aus der vom preuß. Kriegsministerium ausgegebenen Zusammenstellung (Berlin 1900 bei Siegfried Mittler).

[1]) Hiernach muß der württ. Just.Min.Erl. vom 30. Januar 1891 §. 8 (J.M.Bl. S. 11) insoweit außer Kraft treten, als er von der vorgeschriebenen Abgabe der Untersuchungsakten seitens der Civilgerichte an die Militärbehörden für den Fall eine Ausnahme zuläßt, daß die Abgabe aus besonderen Gründen ohne Gefährdung des Untersuchungszwecks nicht möglich ist bezw. eine im Mindestmaß mit mehr als 6wöchiger Freiheitsstrafe bedrohte strafbare Handlung den Gegenstand der Untersuchung bildet (vgl. S. 28 Anm. 1).

[2]) Hält ein Gerichtsherr der niederen Gerichtsbarkeit dafür, daß wegen eines bei ihm zur Anzeige gekommenen, vor dem Diensteintritt verübten Vergehens eine seine sachliche Zuständigkeit überschreitende Strafe zu erwarten sei, oder daß das angezeigte Delikt überhaupt nicht unter die niedere Gerichtsbarkeit falle, so ist er zur Entscheidung darüber, ob Entlassung zu beantragen sei, überhaupt nicht zuständig, vielmehr hat er dann die Sache dem zuständigen höheren Gerichtsherrn vorzulegen, der dann immer noch die Wahl hat, ob er die Entlassung herbeiführen oder die Sache gemäß §. 24 M.St.G.O. dem niederen Gerichtsherrn zur Erledigung zurückgeben oder aber, da die höhere Gerichtsbarkeit auch die niedere umfaßt (§. 17 M.St.G.O.), die Sache selbst zur kriegsrechtlichen Aburtheilung bringen will.

[3]) Vgl. §. 258 M.St.G.O. Es ist dann, wenn die Entlassung erfolgt, entweder die Anklageverfügung gemäß §. 272 M.St.G.O. vom Gerichtsherrn zurückzunehmen oder, wenn dies nicht geschieht, vom Civilgericht die Sache zur Aburtheilung zu bringen (§. 260 M.St.G.O. und Begr. S. 184), da die Anklageerhebung im militärgerichtlichen Verfahren die Stelle der Eröffnung des Hauptverfahrens im bürgerlichen Verfahren vertritt.

zur Einleitung bezw. Fortsetzung des militärgerichtlichen Verfahrens anzuweisen.

Es ist hiernach für die Frage, ob Entlassung stattzufinden habe oder nicht, lediglich die Ansicht der Militärgerichtsbehörden, welche hierdurch über die Behauptung ihrer Zuständigkeit disponiren, ausschlaggebend, nicht die der bürgerlichen Gerichte,[1]) was aber natürlich nicht ausschließt, daß in der Regel wohl auch die Ansicht der Civilgerichtsbehörden über die Höhe der zu erwartenden Strafe eingeholt werden wird.

Das Gesagte gilt auch dann, wenn das gesetzliche Strafminimum hinsichtlich des dem Beschuldigten zur Last gelegten Verbrechens oder Vergehens 6 Wochen übersteigt; denn auch in diesem Fall ist eine abweichende rechtliche Beurtheilung des Thatbestands durch die Militärgerichtsbehörde und daher die Behauptung der Militärgerichtsbarkeit nicht ausgeschlossen.[2])

Erfolgt die Entlassung,[3]) so lebt die bürgerliche Strafgerichtsbarkeit wieder auf und bleibt begründet, auch wenn das Urtheil des bürgerlichen Gerichts auf eine Freiheitsstrafe von weniger als 6 Wochen oder auf Freisprechung lautet, denn der Entlassene zählt zu den Personen des Beurlaubtenstandes und hat als solcher nur den unten zu erörternden beschränkten Militärgerichtsstand.

Erfolgt die Entlassung nicht, so bleibt endgiltig die Militärgerichtsbarkeit begründet. Das vor dem Diensteintritt etwa schon eingeleitete Civilstrafverfahren ist in die Formen des militärgerichtlichen

---

[1]) In Württemberg war bisher für die Frage, ob eine 6 Wochen übersteigende Strafe zu erwarten sei, lediglich die Ansicht des bürgerlichen Gerichts maßgebend, da auch im Fall der Nichtentlassung keinenfalls die Militärgerichtsbarkeit, sondern unter allen Umständen die bürgerliche Zuständigkeit begründet war. Die diesbezügliche für Württemberg getroffene Festsetzung zu §. 16 H.O. ist durch die württ. Ausf.Best. zu §. 7 M.St.G.O. aufgehoben.

[2]) Jedoch wird, wenn die Entlassung mit Sicherheit in Aussicht zu nehmen ist, bis zur definitiven Entscheidung hierüber die Ueberlassung der keinen Aufschub duldenden Untersuchungshandlungen an das Civilgericht seitens des an sich mit dem Diensteintritt zuständigen Militärgerichts nicht als unzulässig zu erachten sein.

[3]) Mannschaften, welche wegen einer vor ihrer Einstellung ins Heer begangenen strafbaren Handlung entlassen und auf Verlangen der bürgerlichen Gerichtsbehörden diesen zugeliefert werden, sind von den Militärbehörden lediglich der nächsten Polizeibehörde zu übergeben. Die Weiterbeförderung dieser Leute bis zum Sitz des zuständigen Gerichts ist durch die Organe und auf Kosten der Civilverwaltung zu bewirken. — Mannschaften, welche aus gleichem Grund aus dem aktiven Militärdienst entlassen, aber nicht den Civilbehörden zugeführt werden, sondern auf freiem Fuße verbleiben, sind für Rechnung der Heeresverwaltung mit Marschgebührnissen nach ihrer Heimath bezw. ständigen Aufenthaltsort, abzufinden. Vgl. die in Preußen, Bayern und Württemberg übereinstimmend ergangenen Verf. der Min. des Kriegs, der Justiz und des Innern, preuß. J.M.Bl. 1897 S. 98, bayr. J.M.Bl. S. 229; württ. M.V.Bl. S. 167 und Amtsblatt des Just.Min. S. 52. Für Württemberg ist in der cit. Verf. ausdrücklich bestimmt, daß die Vorführung an eine Gerichtsbehörde in der Garnison des zu Entlassenden unmittelbar durch die Militärbehörde (den Truppentheil) erfolgt.

Verfahrens überzuleiten,[1]) wobei das Militärgericht an die im vorhergegangenen civilgerichtlichen Verfahren ergangenen Prozeßverfügungen und -Entscheidungen nur insofern gebunden ist, als dann, wenn vor dem Diensteintritt die Eröffnung des Hauptverfahrens bereits vom bürgerlichen Gericht beschlossen war, in der Sache militärgerichtlich erkannt werden, also eine Hauptverhandlung stattfinden muß (§. 7 Abs. 2 Militärstrafgerichtsordnung).[2])

Das erkennende Militärgericht ist jedoch, wenn es abweichend vom Gerichtsherrn, der die Entlassung nicht beantragt oder abgelehnt hat, eine mehr als sechswöchige Freiheitsstrafe für verwirkt erachtet, keineswegs gehindert, auf eine höhere Strafe zu erkennen und darf in solchem Fall nicht etwa die Unzuständigkeit der Militärgerichte aussprechen, denn das Gesetz hat nicht von der Einhaltung der oben genannten Strafgrenze, sondern lediglich von der Thatsache der Entlassung das Wiederaufleben der bürgerlichen Zuständigkeit abhängig gemacht.[3])

---

[1]) Ein anhängiges Privatklagverfahren ist vom Militärgericht ex officio fortzuführen, da die M.St.G.O. keine Privatklage kennt. Ebensowenig ist im militärgerichtlichen Verfahren Raum für eine Nebenklage. Ueber die Fälle der Widerklage im anhängigen Privatklagverfahren s. unten S. 54. — Bezüglich der in einem vorangegangenen civilgerichtlichen Verfahren erwachsenen Kosten enthält weder die M.St.G.O. noch die St.P.O. eine Bestimmung. Ein Anspruch auf Erstattung der Auslagen dürfte dem Civilgericht im Hinblick auf den in §§. 12, 18 E.G. z. M.St.G.O. aufgestellten Grundsatz, daß Rechtshilfekosten gegenseitig nicht erstattet werden, kaum gegen das Militärgericht zustehen. A. M. Solms S. 322 mit Bezug auf §. 276 pr. M.St.G.O. Jedenfalls hat das Militärgericht über diese Kosten nicht zu befinden, da im militärgerichtlichen Verfahren das Prinzip der Kostenfreiheit gilt (§. 469 M.St.G.O.). Ob für das Civilgericht die gesetzliche Möglichkeit besteht, auf Grund des militärgerichtlichen Urtheils nachträglich eine Entscheidung im Kostenpunkt zu fällen (vgl. Weigel Note 8 zu §. 469 M.St.G.O.), erscheint im Hinblick auf §§. 496 ff. St.P.O., die eine Entscheidung über die Kostentragungspflicht (mit Ausnahme der Fälle der §§. 501, 502, 504 St.P.O.) nur in Verbindung mit einem Urtheil, Strafbefehl oder einer die Untersuchung einstellenden Entscheidung kennen, zweifelhaft.

[2]) Eine gegen eine Verfügung des Civilgerichts vor dem Diensteintritt eingelegte Beschwerde (§§. 346, 358 St.P.O.) wird mit dem Diensteintritt des Beschuldigten gegenstandslos, sofern sie nicht eine Verfügung betrifft, durch welche eine dritte Person (Zeuge und dgl.) betroffen wird (z. B. §§. 50, 69 St.P.O., 188 G.V.G.) Dasselbe gilt bei einem gemäß §. 170 St.P.O. vom Verletzten gestellten Antrag auf gerichtliche Entscheidung. — Wird die angefochtene Verfügung vom zuständigen Militärgericht (Gerichtsherrn) aufrecht erhalten, so ist für die fernere Zulässigkeit einer Beschwerde ꝛc. die M.St.G.O. maßgebend.

[3]) Ebenso Weiffenbach S. 16; auch (mit Bezug auf das bisherige preuß. Recht) pr. Gen.Aud. vom 1. Oktober 1884 (Solms S. 201 Note 2). — Das Standgericht hat hiernach in solchem Fall nicht gemäß §. 328, sondern gemäß §. 330 M.St.G.O. seine Unzuständigkeit auszusprechen und zugleich die Sache an das zuständige höhere Gericht zu verweisen. Der höhere Gerichtsherr ist jedoch dann nach §. 272 M.St.G.O. befugt, vor der neuen Hauptverhandlung die in diesem Verweisungsbeschluß enthaltene Anklageverfügung zurückzunehmen und die Entlassung des Beschuldigten nachträglich herbeizuführen.

Trifft mit einem vor dem Diensteintritt verübten Delikt, wegen dessen gemäß §. 7 Militärstrafgerichtsordnung Entlassung zu erfolgen hätte, ein zur unbedingten militärischen Zuständigkeit gehöriges Delikt in einer Weise zusammen, daß nach §§. 74, 79 Strafgesetzbuchs auf eine Gesammtstrafe wegen beider Delikte zu erkennen ist, so wird zu unterscheiden sein, ob das zur ausschließlich militärgerichtlichen Zuständigkeit gehörige Delikt ein militärisches oder ein solches gegen die allgemeinen Strafgesetze ist.

Im ersteren Fall (also wenn z. B. die wegen eines vor dem Diensteintritt verübten gemeinstrafrechtlichen Delikts in Untersuchung stehende Militärperson vor der Entlassung ein militärisches Delikt verübt, oder wenn umgekehrt während einer militärgerichtlichen Untersuchung wegen eines militärischen Delikts oder während der Vollstreckung einer hierwegen erkannten Freiheitsstrafe gegen dieselbe Person ein vor dem Diensteintritt verübtes gemeines Verbrechen oder Vergehen zur Sprache kommt), bleibt nach dem S. 23 oben erwähnten Grundsatz für beide Delikte die Militärgerichtsbarkeit begründet,[1]) wobei es jedoch nicht unzulässig sein wird, zunächst die militärgerichtliche Aburtheilung wegen des militärischen Delikts herbeizuführen und alsdann durch Entlassung des Verurtheilten vor verbüßter Strafe gemäß §. 7 Militärstrafgerichtsordnung die Untersuchung und Aburtheilung wegen des vor dem Diensteintritt verübten Delikts sowie die Vollstreckung der vom Civilgericht zu erkennenden Gesammtstrafe an das letztere übergehen zu lassen, vorausgesetzt, daß eine Verurtheilung durch das Civilgericht mit Sicherheit in Aussicht zu nehmen ist.[2])

Im zweitgenannten Fall dagegen (also wenn gegen dieselbe Person zwei gemeinstrafrechtliche Delikte, wovon das eine vor, das andere nach dem Diensteintritt verübt, angezeigt sind) wird das Militärgericht (Gerichtsherr) die Wahl haben, ob es den zuletzt genannten Weg gesonderter Aburtheilung des zur militärischen Zuständigkeit gehörenden Delikts und darauf erfolgender Entlassung wegen des vor dem Diensteintritt verübten Delikts einschlagen oder durch sofortige Entlassung des Schuldigen beide gemeinen Delikte an die bürgerliche Gerichtsbarkeit übergehen lassen will.

War zur Zeit der Entlassung die Anklage wegen des nach dem Diensteintritt verübten gemeinen Delikts militärischerseits noch nicht

---

[1]) Für den zuletzt genannten Fall ebenso die bei Solms S. 202 Note 5 citirte Spezialentscheidung des pr. Gen.Aud.; diese jedoch ohne Unterschied, ob es sich um ein militärisches oder gemeines Delikt handelt.

[2]) Keinesfalls kann jedoch die civilgerichtliche Untersuchung und Aburtheilung vor der Entlassung des Beschuldigten (also z. B. während Vollstreckung einer militärgerichtlich erkannten Strafe) erfolgen, da erst mit dem Entlassungsakt die bürgerliche Zuständigkeit begründet wird. Bei Gefahr im Verzug wird daher unter allen Umständen zunächst das Mil.-Gericht einzuschreiten haben (cf. Begr. S. 70).

erhoben (bezw. eine Strafverfügung des Gerichtsherrn noch nicht zugestellt), so geht nach §. 10 Abs. 2 Militärstrafgerichtsordnung mit der Entlassung auch dieses Delikt ipso iure an die bürgerliche Gerichtsbarkeit über (vgl. unten S. 33 ff.).

Handelt es sich dagegen um ein theils in die Zeit vor dem Diensteintritt, theils in die Zeit nachher fallendes fortdauerndes oder fortgesetztes bürgerliches Delikt (z. B. §§. 169, 174 ff., 260, 292, 294 u. a. Strafgesetzbuchs), so kommt die Entlassung überhaupt nicht in Frage, da dann die ausschließliche Militärgerichtsbarkeit sich auf das ganze, nur eine Handlung im Rechtssinn bildende Delikt in gleicher Weise erstreckt, als wäre dasselbe nur nach dem Diensteintritt verübt.[1])

2. Die unter 1a und b erörterten Grundsätze finden ferner nach §. 8 Militärstrafgerichtsordnung auch Anwendung auf die zur Entscheidung über ihr ferneres Militärverhältniß zur Disposition der Ersatzbehörden entlassenen[2]) und später von neuem für den aktiven Dienst ausgehobenen Mannschaften wegen der vor der Wiedereinziehung begangenen Zuwiderhandlungen gegen die allgemeinen Strafgesetze, also z. B. auch wenn ein gemäß Ziffer 1b, oben Entlassener vor seiner Wiederaushebung eine neue, noch nicht abgeurtheilte Strafthat verübt hat.

3. Eine weitere Ausnahme von dem Grundsatz der Ausdehnung der Militärgerichtsbarkeit auf die von aktiven Militärpersonen vor dem Diensteintritt verübten Delikte gilt bezüglich der zum Dienst einberufenen Personen des Beurlaubtenstandes und der ihnen gleichgestellten Personen.[3])

Diese unterstehen nach §. 9 Abs. 1 Militärstrafgerichtsordnung hinsichtlich der vor dem Tage, zu welchem sie einberufen sind, verübten Zuwiderhandlungen gegen die allgemeinen Strafgesetze überhaupt nicht der Militärstrafgerichtsbarkeit.[4])

---

[1]) Olshausen, Note 9 zu §. 78 St.G.B., H. Meyer S. 148.

[2]) Vgl. §§. 52, 55 R.M.G.; §. 82 W.O. — Keine Anwendung finden somit die oben genannten Grundsätze (weder die Regel noch die Ausnahme) auf die von den sog. Dispositionsurlaubern (vgl. §§. 14 Z. 2 und 87 H.O.) vor ihrer etwaigen Wiedereinziehung verübten Zuwiderhandlungen gegen die allgemeinen Strafgesetze.

[3]) Darüber, wer diese Personen sind, vgl. oben S. 15. — In der Bek. des württ. Just.Min. vom 2. Mai 1892 ist die thunliche Beschleunigung der gegen einberufene Ersatzreservisten anhängigen Strafverfahren wie auch des Strafvollzugs vorgeschrieben (württ. J.M.Bl. S. 84).

[4]) Theils weil bei Einberufung zu Uebungen bei deren kurzer Dauer die vollständige militärgerichtliche Erledigung der Sachen selten stattfinden könnte, andrerseits aber der Dienst unter solchen Untersuchungen leiden würde, theils und besonders weil es unthunlich erschien, im Fall der Mobilmachung die Mil.-Gerichtsbarkeit mit allen noch schwebenden oder noch anhängig zu machenden Strafsachen zu belasten oder gar auf den Dienst aller der Personen zu verzichten, die wegen nicht besonders erheblicher strafbarer Handlungen zu verfolgen sind. (Begr. S. 70). Aehnlich nach §. 18 der bisherigen pr. M.St.G.O., der jedoch die völlige

Jedoch ist die Ausübung der Civilstrafgerichtsbarkeit gegen derartige Personen im militärdienstlichen Interesse insofern beschränkt, als während der Dauer der Dienstleistung

a) ohne Zustimmung der Militärbehörde, d. h. des zuständigen Gerichtsherrn der höheren Gerichtsbarkeit (also in der Regel des Divisionskommandeurs)[1]) die Untersuchungshaft nicht verfügt, und

b) eine Hauptverhandlung nur abgehalten werden kann, wenn der Angeklagte von der Verpflichtung zum Erscheinen in derselben entbunden ist.[2])

Da diese Grundsätze auch auf die Einberufung zur Kontrolversammlung Anwendung finden (vgl. S. 12), so wird mindestens zu der Tageszeit, zu welcher eine nichtverhaftete Person des Beurlaubtenstandes zur Kontrolversammlung zu erscheinen hat, eine civilgerichtliche Hauptverhandlung gegen sie nur unter der zu b) genannten Voraussetzung stattfinden können.

Im Uebrigen steht dem Fortgang des bürgerlichen Strafverfahrens nichts im Wege.[3]) Es wird daher auch die Frage, ob die Verjährung während der Dauer der Einberufung gemäß §. 69 Abs. 1 Strafgesetzbuchs ruht, richtig zu verneinen sein, da nicht die Fortsetzung des Verfahrens überhaupt gesetzlich ausgeschlossen ist, also einer Unterbrechung der Verjährung durch Vernehmung des Beschuldigten oder andere richterliche Handlungen während der Dauer der Einberufung durchaus nichts im Wege steht.[4])

Ueber die Strafvollstreckung während der Einberufung vgl. unten S. 69 A. 2.

B. Fortdauer des ordentlichen Militärgerichtsstandes nach Beendigung des Dienstverhältnisses.

I. Der ordentliche Militärgerichtsstand bleibt grund-

Suspendirung der civilgerichtlichen Untersuchungen und der Strafvollstreckung während der Dauer der milit. Dienstleistung vorschrieb.

[1]) Vgl. die übereinstimmenden landesgesetzlichen Ausführungsbestimmungen zu §. 9 M.St.G.O. — Im Fall der Ertheilung der Zustimmung ist nach eben diesen Bestimmungen die Entlassung aus dem aktiven Dienste herbeizuführen. Gegen die Verweigerung der Zustimmung dürfte wohl die Beschwerde im Dienstaufsichtsweg an den höchsten Gerichtsherrn zuständig sein; das Gesetz trifft hierüber keine Bestimmung.

[2]) Hiernach kann eine Hauptverhandlung in Abwesenheit des Angeklagten nur in den Fällen des §. 282 St.P.O. stattfinden. Unzulässig erscheint dagegen während der Dauer der Einberufung das Ungehorsamsverfahren gemäß §. 281 St.P.O. und (falls etwa der Einberufene mit dem Heer im Ausland abwesend ist) dasjenige der §§. 319ff. St.P.O., denn in beiden Fällen setzt das Gesetz ein nicht genügend entschuldigtes Ausbleiben voraus (vgl. Löwe Note 6 zu §. 231 St.P.O.), während das Ausbleiben des zum Dienst Einberufenen gemäß obiger Bestimmung gesetzlich entschuldigt ist.

[3]) Jedoch hängt die Gestellung des Einberufenen zu Vernehmungen ꝛc. stets von der Zustimmung der Mil.-Behörde ab, vgl. unten S. 99 Z. 1.

[4]) Die gegentheilige Ansicht der Begr. S. 71 (zu §. 6 Entwurfs) erscheint

sätzlich auch nach Beendigung des ihn begründenden Verhältnisses[1]) hinsichtlich der vorher begangenen strafbaren Handlungen fortbestehen (§. 10 Abs. 1 Militärstrafgerichtsordnung).

II. Eine Ausnahme von diesem Grundsatz besteht jedoch hinsichtlich der Zuwiderhandlungen gegen die allgemeinen Strafgesetze, welche der Militärgerichtsbarkeit nur verbleiben, wenn entweder

1. sie mit einem militärischen Verbrechen oder Vergehen ideal oder real zusammentreffen,[2]) oder

2. militärischerseits zur Zeit der Beendigung des Dienstverhältnisses bereits Anklage erhoben oder eine Strafverfügung des Gerichtsherrn zugestellt war (§. 10 Abs. 2 Militärstrafgerichtsordnung).

Trifft keine dieser Voraussetzungen zu, so geht die Sache mit der Beendigung des betreffenden Dienstverhältnisses ipso iure an die bürgerliche Gerichtsbarkeit über. Die Anklage gilt im militärgerichtlichen Verfahren als erhoben mit der Bekanntmachung der Anklageverfügung an den Beschuldigten, welche ihrerseits mündlich oder durch Zustellung erfolgen kann (§§. 256—258 Militärstrafgerichtsordnung).

Die Anklageerhebung entspricht der Eröffnung des Hauptverfahrens im bürgerlichen Strafprozeß, die Strafverfügung dem amtsrichterlichen Strafbefehl.

Hienach kommt es abweichend vom bisherigen preußischen und württembergischen Recht[3]) für die Zuständigkeitsfrage nicht mehr darauf an, ob eine strafbare Handlung vor oder nach Beendigung

---

nicht haltbar; ebenso Mittermaier, die M.St.G.O. (Sonderabdruck aus der Zeitschrift für die ges. Strafrechtswissenschaft, Bd. 19) S. 46.

[1]) Das den ordentlichen Mil.-Gerichtsstand begründende Verhältniß, kann, wie oben unter I. dargestellt, ein verschiedenartiges sein: außer der Zugehörigkeit zum aktiven Heer kommt in Betracht z. B. die Eigenschaft als Offizier z. D., ein Dienst- oder Vertragsverhältniß zum kriegführenden Heer, vorübergehende Verwendung eines verabschiedeten Offiziers im aktiven Dienst, Kriegsgefangenschaft. Selbstverständlich kommt aber für die Frage des Aufhörens des ordentlichen (unbeschränkten) Mil.-Gerichtsstands nur das diesen Gerichtsstand begründende Verhältniß in Frage, nicht etwa auch das den beschränkten Mil.-Gerichtsstand begründende Verhältniß der Zugehörigkeit zum Beurlaubtenstand. Es wird also durch die fortdauernde Zugehörigkeit zu letzterem die Beendigung des ordentlichen Mil.-Gerichtsstands (in Folge Aufhörens eines der oben genannten Verhältnisse) in keiner Weise berührt.

[2]) Ist das mit einem gemeinen Delikt real konkurrirende mil. Vergehen ein solches, dessen Bestrafung im Disziplinarweg nach §. 8 Abs. 2 E.G. z. M.St.G.B. zulässig ist, so wird die Verhängung der Disziplinarstrafe durch den zuständigen Vorgesetzten wegen des mil. Vergehens und die demnächstige Abgabe der Untersuchung wegen des gemeinen Delikts an das bürgerliche Gericht nicht als unzulässig zu erachten sein, da der §. 10 M.St.G.O. wohl nur gerichtlich zu erledigende milit. Vergehen im Auge hat. So bezüglich des §. 15 pr. M.St.G.O. Solms S. 205 (Note 8).

[3]) Vgl. Pr.M.St.G.O. §§. 14—17; Württ.Ges. vom 17. August 1849 A. 4 Z. 1 in Verbindung mit A. 38 der Württ.St.P.O. von 1848. — Abweichend (im Sinne des jetzt geltenden Rechts) A. 9 Bayr.M.St.G.O.

des die Militärgerichtsbarkeit begründenden Verhältnisses (also in der Regel der aktiven Dienstzeit) zur Sprache kommt, noch darauf, ob die Beendigung des Dienstverhältnisses das völlige Ausscheiden des Thäters aus allen Militärverhältnissen oder nur seinen Uebertritt in den Beurlaubtenstand zur Folge hat. Vielmehr bleibt der Militärgerichtsstand wegen der vor Beendigung des Dienstverhältnisses verübten, mit einem militärischen Delikt zusammentreffenden strafbaren Handlungen auch dann begründet, wenn die Untersuchung erst nachher anhängig wird, und umgekehrt hört wegen der mit einem militärischen Delikt nicht zusammentreffenden Zuwiderhandlungen gegen die allgemeinen Strafgesetze die militärgerichtliche Zuständigkeit mit Beendigung des betreffenden Dienstverhältnisses[1]) (also nicht etwa nur mit dem völligen Ausscheiden aus den Militärverhältnissen) auch dann auf, wenn noch vorher die militärgerichtliche Untersuchung anhängig geworden ist, vorausgesetzt nur, daß nicht schon seitens des Gerichtsherrn Anklage erhoben oder eine Strafverfügung zugestellt war.

III. Aus dem Gesagten ergeben sich folgende praktische Konsequenzen:

1. Alle zur Zeit der Entlassung, Verabschiedung ꝛc. aktiver Militärpersonen oder sonstigen Aufhörens des ordentlichen Militärgerichtsstandes einer Person bei den Militärgerichten gegen solche Personen anhängigen Strafsachen, welche bloße Zuwiderhandlungen gegen die allgemeinen Strafgesetze betreffen, sind, sofern nicht vor dem genannten Zeitpunkte schon Anklage erhoben (d. h. die Bekanntmachung der Anklageverfügung an den Beschuldigten erfolgt)[2]) oder eine Strafverfügung zugestellt war, an das zuständige bürgerliche Gericht abzugeben[3]) und zwar auch dann, wenn etwa seitens des Gerichtsherrn nach Abschluß des militärgerichtlichen Ermittelungsverfahrens gemäß §. 250 Militärstrafgerichtsordnung die Abgabe der Sache an einen zuständigen anderen Gerichtsherrn verfügt worden ist, oder ein seitens des Gerichtsherrn gemäß §. 245 Militärstrafgerichtsordnung ergangener Einstellungsbeschluß auf Grund des §. 247 Militärstrafgerichtsordnung durch Rechtsbeschwerde oder Antrag auf gerichtliche Entscheidung seitens des Verletzten angefochten ist.

---

[1]) Hinsichtlich der Angehörigen des aktiven Heeres ist wegen dieses Zeitpunktes des oben S. 14 Gesagten zu vergleichen.

[2]) Der Anklageerhebung steht auch hier ein vom Standgericht gemäß §. 380 M.St.G.O. gefaßter Unzuständigkeitsbeschluß gleich.

[3]) Zuständig ist nicht ohne Weiteres das Gericht, in dessen Bezirk der Garnisonort liegt, sondern entweder das Gericht, in dessen Bezirk die strafbare Handlung verübt ist, oder das Gericht, in dessen Bezirk der Beschuldigte zur Zeit der Erhebung der Klage seinen Wohnsitz bezw. gewöhnlichen Aufenthaltsort hat (§§. 7—10 St.P.O.).

2. Damit ist den Militärbehörden die Möglichkeit gegeben, die Untersuchung und Aburtheilung der von Offizieren, Sanitätsoffizieren, Offizieren z. D. und à la suite sowie Militärbeamten (mit Ausnahme der richterlichen) und sonstigen Militärpersonen, deren Dienstverhältniß jederzeit gelöst werden kann, begangenen lediglich gemeinstrafrechtlichen Delikte durch Herbeiführung der Entlassung des Beschuldigten vor erfolgter Anklageerhebung an die Civilgerichte übergehen zu lassen.[1])

Als unzulässig wäre es dagegen zu erachten, wenn die Militärbehörde eine aktive Militärperson, welche lediglich eines gemeinstrafrechtlichen Delikts beschuldigt ist, (auch wenn dieselbe verhaftet wäre), über den Entlassungstermin hinaus solange beim aktiven Dienststand zurückhalten wollte, bis die Anklage erhoben wäre, um hiedurch den Militärgerichtsstand gegen den Beschuldigten zu wahren.[2]) Durch eine solche nachträgliche Anklageerhebung würde die Fortdauer des Militärgerichtsstandes überhaupt nicht begründet.[3])

3. Kommt nach Beendigung der Dienstzeit ein während des Dienstverhältnisses verübtes militärisches Delikt allein oder in (idealem oder realem) Zusammentreffen mit einem gleichfalls während der Dienstzeit verübten gemeinstrafrechtlichen Delikt zur Anzeige, so ist die Untersuchung und Aburtheilung beider Delikte an das zuständige Militärgericht[4]) abzugeben. Dies gilt auch dann, wenn

---

[1]) Aehnlich das bisherige preußische Recht, welches jedoch diese Möglichkeit auch nach erhobener Anklage gewährte, andererseits aber sie für den Fall, daß der Beschuldigte verhaftet war, ausschloß (§. 14 Pr.M.St.G.O.). Abweichend dagegen das bisherige Württ. Recht, wonach lediglich die Begründung der Rechtshängigkeit durch gerichtliches Einschreiten gegen den Thäter während der Dauer des Mil.-Gerichtsstandes für die Fortdauer der militärgerichtlichen Zuständigkeit maßgebend war (vgl. die oben S. 88 Anm. 8 genannten Gesetzesbestimmungen).

[2]) Die Bemerkung bei Solms S. 206 (Note 1 zu §. 17 Pr.M.St.G.O.) erscheint hiernach nicht mehr zutreffend.

[3]) Anders, wenn etwa im Laufe einer lediglich ein gemeinstrafrechtliches Delikt betreffenden Untersuchung, nachdem durch rechtzeitige Anklageerhebung die militärgerichtliche Zuständigkeit gewahrt ist, später (nach dem allgemeinen Entlassungstermin, jedoch vor der Aburtheilung) ein weiteres, sei es vor oder nach jenem Termin verübtes lediglich gemeinstrafrechtliches Delikt zur Anzeige kommt. In diesem Fall kann bis zur militärgerichtlichen Aburtheilung des gesetzmäßig zurückbehaltenen Beschuldigten bezw. bis nach Beendigung des Strafvollzuges noch die Anklageerhebung wegen der weiteren Strafthat erfolgen und hiermit auch ihretwegen die Mil.-Gerichtsbarkeit gewahrt werden, da vor dem genannten Zeitpunkt das militärische Dienstverhältniß des Beschuldigten überhaupt nicht als beendet anzusehen ist.

[4]) Zuständiger Gerichtsherr ist, wenn der Beschuldigte zum Beurlaubtenstande gehört, hinsichtlich der zur niederen Gerichtsbarkeit gehörigen Sachen (vgl. S. 27 Anm. 8) der Bezirkskommandeur, hinsichtlich der zur höheren Gerichtsbarkeit gehörigen Sachen der Divisionskommandeur, in dessen Bezirk der Thäter in Kontrolle steht. Gehört er dagegen nicht mehr zum Beurlaubtenstand, so ist zuständig der Divisionskommandeur, in dessen Bezirk der Thäter sich befindet oder die That verübt hat (§. 80 M.St.G.O.) bezw. der von ihm gemäß §. 81 Abs. 2 M.St.G.O. zu bestimmende niedere Gerichtsherr.

diese Vergehen gleichzeitig mit einer nach der Dienstzeit verübten Strafthat oder anläßlich der civilgerichtlichen Untersuchung wegen einer solchen sich herausstellen; es muß alsdann getrennte Untersuchung und Aburtheilung der unter die Militärgerichtsbarkeit fallenden Strafthaten stattfinden, und hat das später urtheilende Gericht gemäß §. 79 Strafgesetzbuch auf eine Gesammtstrafe (bezw. Zusatzstrafe) zu erkennen.

4. Diese Grundsätze finden auch Anwendung auf die zum Dienst einberufenen Personen des Beurlaubtenstandes hinsichtlich der während der Dienstleistung verübten strafbaren Handlungen. Es ist also z. B. auch wegen der am Tage der Kontrolversammlung verübten militärischen und der damit zusammentreffenden nichtmilitärischen Delikte stets die Militärgerichtsbarkeit begründet, ohne Rücksicht darauf, ob am selben Tage noch Rechtshängigkeit begründet wurde oder nicht, während andrerseits die am Tage der Kontrolversammlung verübten, lediglich gegen die allgemeinen Strafgesetze verstoßenden Handlungen in der Regel der Civilstrafgerichtsbarkeit anheimfallen werden, da die Erhebung der Anklage oder Zustellung einer Strafverfügung durch den Gerichtsherrn noch am selben Tage praktisch für die Regel ausgeschlossen sein wird.

Hinsichtlich der während der Einberufung zum Dienst verübten Strafthaten kommt übrigens auch die unten S. 52 erörterte Möglichkeit der Abtretung an die Civilgerichte in Frage.

5. Ob der Thäter zur Zeit des Zutagekommens eines während der Dauer des ordentlichen Militärgerichtsstandes verübten Delikts bezw. der Einleitung des Strafverfahrens hierwegen überhaupt noch in irgend welchen Militärverhältnissen steht oder gänzlich aus denselben ausgeschieden ist (z. B. durch Entlassung wegen dauernder Dienstunbrauchbarkeit, Entfernung aus dem Heer, Dienstentlassung 2c.), begründet keinen Unterschied. Es können also insoweit auch gänzlich aus den Militärverhältnissen ausgeschiedene Personen wegen früherer Strafthaten nachträglich noch der Militärgerichtsbarkeit unterstehen.

6. Das Gesagte gilt auch hinsichtlich der vor dem Diensteintritt verübten gemeinen Delikte, mögen dieselben vor oder nach Beendigung des Dienstverhältnisses zur Sprache kommen (falls nicht schon aus einem der oben S. 24ff genannten Gründe hiewegen die bürgerliche Gerichtsbarkeit begründet ist).[1])

[1]) Wenn z. B. gegen einen Neueingestellten ein vor der Dienstzeit verübtes gemeinstrafrechtliches Delikt zur Anzeige kommt und der Betreffende noch vor Abschluß des hierwegen gemäß §. 6 M.St.G.O. gegen ihn eingeleiteten militärgerichtlichen Verfahrens aus irgend einem Grunde (jedoch nicht gemäß §. 7 Z. 2 M.St.G.O.) zur Entlassung kommt. Ueber die Fälle des Zusammentreffens eines militärischen Deliktes mit einem vor dem Diensteintritt verübten gemeinen Delikt vgl. oben S. 30.

IV. Begriff der militärischen Verbrechen und Vergehen.

Der auch sonst für Zuständigkeitsfragen wichtige Begriff des militärischen Verbrechens oder Vergehens bedarf einer näheren Bestimmung.

Im allgemeinen sind darunter **formell** die im Militärstrafgesetzbuch unter Strafe gestellten Thatbestände zu verstehen; **materiell** handelt es sich theils um dem bürgerlichen Strafgesetzbuch ganz fremde, auf dem besonderen militärischen Pflichtverhältniß beruhende Thatbestände, theils aber auch um solche, welche der Sache nach militärische Qualifikationen gemeinstrafrechtlicher Thatbestände enthalten, gleichwohl aber im Militärstrafgesetzbuch als **delicta sui generis** behandelt sind, so daß z. B. bei Theilnahme von Civilpersonen an solchen Delikten[1]) auf die betheiligte Civilperson nicht etwa der §. 50 Strafgesetzbuchs Anwendung finden kann.[2])

Es gehören in die zweitgenannte Kategorie folgende Thatbestände des Militärstrafgesetzbuchs:

Kriegsverrath (§§. 57—60 M.St.G.B. vgl. §§. 87—92, 139 St.G.B.).

Verleitung zur Fahnenflucht (§. 78 M.St.G.B. vgl. §. 141 St.G.Bs.) Selbstverstümmelung, Vorschützen von Gebrechen (§§. 81—83 M.St.G.B. vgl. §§. 142, 143 St.G.B.).

Beleidigung Vorgesetzter durch Untergebene und umgekehrt (§§ 91, 121 M.St.G.B. vgl. §§. 185—188 St.G.B.).

Körperverletzung Untergebener durch Vorgesetzte und umgekehrt (§§. 97, 122, 123 M.St.G.B. vgl. §§. 223—226, 340 St.G.B.).

Rechtswidriger Waffengebrauch und Aufforderung Untergebener hierzu (§. 149 M.St.G.B. vgl. §§. 223a, 48 St.G.B.).[3])

---

1) Daß solche allgemein seitens Civilpersonen an militärischen Delikten von Mil.=Personen möglich ist, wird wohl kaum mehr bestritten; vgl. hierüber insbesondere R.G.E. 15, 897 ff., Olshausen, Nr. 10 zu Abschnitt 8 (a. M. Koppmann S. 162 ff.). Und zwar gelten Verbrechen und Vergehen i. S. des §. 1 M.St.G.B. auch als Verbrechen bezw. Vergehen i. S. des St.G.B. (z. B. i. S. der §§. 49, 257 St.G.B.). — Wo das M.St.G.B. Arreststrafe androht, ist gegen Civilpersonen auf Haft zu erkennen. R.G.E. a. a. O., ferner E. 16, 486.

2) Vgl. R.G.E. 25, 284. — Fraglich erscheint dagegen, ob nicht, wenn ein Soldat sich z. B. der Beihülfe an einem von einer Civilperson verübten Diebstahl schuldig macht, welcher für die Civilperson ein einfacher, für die Mil.=Person ein militärisch qualifizirter ist, auf ihn die qualifizirte Strafbestimmung des M.St.G.B. Anwendung zu finden hat; ähnlich R.G.E. 2, 158.

3) Der Thatbestand des §. 149 M.St.G.B. setzt lediglich einen rechtswidrigen Gebrauch der Dienstwaffe voraus, **ohne Rücksicht auf eine dadurch verursachte Verletzung. Der Gebrauch muß jedoch ein der Bestimmung der Waffe entsprechender sein**; es genügt also nicht absichtliches Flachschlagen mit blanker Klinge, Stoßen mit dem Gewehr, Schlagen mit der Scheide des Seitengewehrs. Der Thatbestand des §. 149 cit. deckt sich demnach keineswegs mit dem des §. 228a St.G.B. Liegt ein ideales Zusammentreffen beider §§. vor (was stets der Fall ist, wenn durch den bestimmungsgemäßen Gebrauch der Waffe eine körperliche Mißhandlung oder Gesundheitsbeschädigung verursacht ist), so ist zwar gemäß §. 78 St G.B. die Strafe aus §. 228a St.G.B. als dem härteren Strafgesetz zu schöpfen,

Fahrlässige Körperverletzung und Tötung durch unvorsichtige Behandlung von Waffen und Munition (§. 148 M.St.G.Bs.; vgl. §§. 222, 230 St.G.B.).

Widersetzung und Unternehmen eines thätlichen Angriffs gegen Vorgesetzte (§§. 96, 97 M.St.G.B.; vgl. §§. 113, 114 St.G.B.).

Aufforderung zum Ungehorsam zc. (§§. 99, 100 M.St.G.B.; vgl. §§. 111, 112 St.G.B.).

Militärischer Aufruhr (§. 106 M.St.G.B.; vgl. §. 115 St.G.B.)

Anstiftung Untergebener zu strafbaren Handlungen (§§. 115, 116 M.St.G.B.; vgl. §§. 48, 357 St.G.B.).

Herausforderung Vorgesetzter zum Zweikampf (§. 112 M.St.G.B.; vgl. §. 201 ff. St.G.B.).

Diebstahl und Unterschlagung an dienstlich anvertrauten bezw. zugänglichen Sachen, gegen Kameraden zc. (§. 138 Abs. 1 und 2 M.St.G.B.; vgl. §§ 242, 243, 246, 247, 350 St.G.B.).[1]

Vorsätzliche Beschädigung von Dienstgegenständen, Plünderung, Beraubung und boshafte Sachbeschädigung im Feld (§§. 129—134, 137 M.St.G.B.; vgl. §§. 249—253, 303 ff., 306 ff. St.G.B.).

---

das Vergehen bleibt aber nichts destoweniger ein militärisches; vgl. R.G.E. 25, 848. Aus dem Gesagten folgt, daß, wenn auch §. 149 M.St.G.B. nicht zutrifft, immer noch §. 228a St.G.B. allein zutreffen kann und umgekehrt (z. B. bei einem fehlgegangenen Hieb mit der Waffe). Ueber den Begriff „Mißbrauch der Waffe" vgl. S. 40 Anm. 2.

[1]) Auch der schwere militärische Diebstahl, sowie der Diebstahl im Rückfall sind militärische Verbrechen; denn, wenn auch der Abs. 2 des §. 188 M.St.G.B. hinsichtlich der für diese Fälle geltenden Strafdrohung auf die allgemeinen Strafgesetze (§§. 248, 244 St.G.B.) verweist, so bleibt darum doch der Thatbestand selbst ein militärisch qualifizirter i. S. des Abs. 1 des §. 188. Die gegentheilige Auffassung würde zu unannehmbaren praktischen Konsequenzen führen. — A. M. Hecker S. 4, Koppmann S. 27, welche für die Frage, ob ein milit. Delikt vorliege oder nicht, lediglich das rein formale Moment des Vorhandenseins einer besonderen Strafdrohung im M.St.G.B. entscheiden lassen wollen, jedoch mit dieser Auffassung selbst in Widerspruch gerathen, wenn sie die Vergehen i. S. der §§. 115 und 148 M.St.G.B. unter allen Umständen für militärische Vergehen erklären, obwohl auch in diesen Fällen das M.St.G.B. zwar einen selbständigen Thatbestand, nicht aber eine besondere Strafdrohung aufstellt, die letztere vielmehr unter Umständen (wenn es sich um Anstiftung bezw. Geschehenlassen von gemeinstrafrechtlichen Handlungen handelt), ebenfalls aus dem bürg. St.G.B. zu entnehmen ist (vgl. Hecker S. 5, Koppmann S. 30). Inwiefern aber die Strafdrohung der §§. 115 und 148 cit. eher eine selbständige sein sollte, als die des §. 188 Abs. 2 M.St.G.B., ist nicht abzusehen; in beiden Fällen handelt es sich gleicherweise um eine Verweisung auf eine andre Strafnorm. Der Grund, warum die §§. 115 und 148 M.St.G.B. militärische Vergehen bilden, ist wie bei §. 188 Abs. 2 cit. lediglich der, daß sie selbständige (militärisch qualifizirte) Thatbestände enthalten. — Es ist daher z. B. die Verfolgung des mil. Diebstahls, auch wenn er sich als ein Verbrechen darstellt, von dem in §. 247 St.G.B. erforderten Strafantrag unabhängig (§. 51 M.St.G.B.). A. M. Koppmann S. 187, Hecker S. 259. — Dagegen wird die Uebertretung i. S. des §. 870 Z. 5 St.G.B. auch unter den Voraussetzungen des §. 138 M.St.G.B. nicht zum militärischen Vergehen und ist daher auch dann nur auf Antrag verfolgbar. (So die konstante militärgerichtliche Praxis).

Falsche Dienstattestausstellung (§. 139 M.St.G.B.; vgl. §. 278 St.G.B.).

Passive militärische Bestechung (§. 140 M.St.G.B.; vgl. §. 332 St.G.B.).

Militärische Gefangenenbefreiung (§. 144 M.St.G.B.; vgl. §§. 120, 121, 347 St.G.B.).

Vorsätzliche Unterlassung der Verfolgung strafbarer Handlungen Untergebener seitens Vorgesetzter (§. 147 M.St.G.B.; vgl. §. 346 St.G.B.).[1])

Widerrechtliches Einflußnehmen auf die Rechtspflege, vorsätzliches Verhängen unverdienter oder unerlaubter Strafen (§§. 118, 119 M.St.G.B.; vgl. §§. 336, 345 St.G.B.).

Versuch und Theilnahme an einem militärischen Delikt stellen stets auch ein militärisches Delikt dar.

Hehlerei und Begünstigung in Beziehung auf militärische Vergehen seitens Militärpersonen sind nicht militärische, sondern gemeinstrafrechtliche Delikte; es folgt dies daraus, daß Begünstigung und Hehlerei im Strafgesetzbuch nicht als allgemeine Theilnahmeformen, sondern als selbständige Delikte behandelt sind, also nicht zu den in Beziehung auf Verbrechen und Vergehen allgemein geltenden Bestimmungen des Strafgesetzbuchs gehören, welche nach §. 2 Militärstrafgesetzbuchs auf militärische Delikte entsprechende Anwendung finden, somit einer im Verhältniß zu einem militärischen Delikt accessorischen That den Charakter des militärischen Delikts verleihen. Anders die vorher zugesagte Begünstigung, die sich nach §. 257 Strafgesetzbuchs als Beihülfe darstellt und daher, wenn zu einem militärischen Delikt geleistet, selbst den Charakter des militärischen Delikts annimmt.[2])

Keine militärischen Delikte sind ferner die in §. 145 Militärstrafgesetzbuch vorgesehenen Amtsdelikte von Personen des Soldatenstandes, denen Geschäfte der Heeresverwaltung übertragen sind; denn durch §. 145 cit. ist kein vom bürgerlichen Rechte abweichender Thatbestand geschaffen, sondern lediglich bestimmt, daß die betreffenden Personen des Soldatenstandes unter den bezeichneten Voraussetzungen in strafrechtlicher Hinsicht als Beamte zu behandeln sind.[3]) Trifft

---

[1]) Der §. 145 M.St.G.B., welcher die Bestimmungen des St.G.B. über Verbrechen und Vergehen im Amt auch auf Personen des Soldatenstands für anwendbar erklärt, trifft nur auf solche Personen des Soldatenstands zu, denen ein eigentliches Geschäft der Heeresverwaltung (auch des Militärjustizdienstes) an Stelle eines Beamten selbständig und unter eigner Verantwortlichkeit übertragen ist, also z. B. auf die Gerichtsherrn, Gerichtsoffiziere, Vertreter der Anklage, nicht aber auf sonstige bei der Verfolgung strafbarer Handlungen mitwirkende militärische Vorgesetzte, wie z. B. Kompagniechefs, Feldwebel und dergl. Vgl. auch Rundschr.d.Pr.Gen.-Aud. vom 28. März 1878.

[2]) Ebenso Koppmann S. 29; Hecker S. 5.

[3]) Vgl. Koppmann Note 7 zu §. 145 M.St.G.B. (S. 549), Hecker S. 4. — Dasselbe gilt auch beim Hoch- und Landesverrath (§. 56 M.St.G.B. im Unterschied vom Kriegsverrath §§. 57—60 das.); denn auch hier sind lediglich die Vor-

jedoch auf die That zugleich eine der für Personen des Soldatenstandes gegebenen speziellen Strafbestimmungen des Militärstrafgesetzbuchs zu (z. B. §. 138 militärische Unterschlagung, §. 140 militärische Bestechung u. a.), so stehen beide Strafbestimmungen im Verhältniß der Idealkonkurrenz und bildet die That somit gleichzeitig ein militärisches Delikt.[1])

Dadurch, daß bei einem gemeinstrafrechtlichen Delikt einer der gesetzlichen Straferhöhungsgründe des §. 55 Militärstrafgesetzbuchs zutrifft (Verübung unter Mißbrauch der Waffe[2]) oder der dienstlichen Befugnisse oder während der Ausübung des Dienstes, ferner gemeinschaftliche Verübung durch mehrere unter Zusammenrottung oder vor einer Menschenmenge, Betheiligung Vorgesetzter an strafbaren Handlungen Untergebener) wird derselbe nicht zu einem militärischen Delikt.[3])

B. Der außerordentliche (beschränkte) Militärgerichtsstand.

Es giebt gewisse Personenklassen, die ihren ordentlichen Gerichtsstand in Strafsachen zwar bei den bürgerlichen Gerichten haben, gleichwohl aber hinsichtlich einzelner bestimmter theils militärischer theils gemeiner Delikte unter bestimmten Voraussetzungen der Militärgerichtsbarkeit unterstellt sind.

Der sachliche Umfang der Militärgerichtsbarkeit ist

---

schriften des bürg. St.G.B. auf Militärpersonen für anwendbar erklärt, nicht ein vom bürg. St.G.B. abweichender Thatbestand geschaffen.

[1]) Nach Koppmann S. 549 Note 7, Hecker S. 280 würde in solchem Fall die spezielle Strafbestimmung des M.St.G.B. ausschließlich Anwendung zu finden haben. — Ebenso anscheinend Solms S. 162 (Note 8 zu §. 145 M.St.G.B.). Für die Annahme bloßer Gesetzeskonkurrenz liegt jedoch kein hinreichender Grund vor, vielmehr hätte eine bloß subsidiäre Geltung der in §. 145 M.St.G.B. genannten Bestimmungen des bürg. St.G.B. im Gesetz ausdrücklich bestimmt werden müssen. — Warum sollte z. B. auf eine dem Beamten gleichgestellte Person des Soldatenstandes, die sich bei einem ihr übertragenen Geschäft einer Unterschlagung dienstlich anvertrauter Gelder und in Beziehung auf diese Unterschlagung einer Verfälschung der zur Kontrole der Einnahmen oder Ausgaben bestimmten Bücher schuldig gemacht hat, nicht der §. 351 St.G.B. Anwendung finden? Erachtet man aber den §. 350 St.G.B. in solchem Fall als durch §. 138 M.St.G.B. ausgeschlossen, so würde dies auch hinsichtlich des §. 351 cit. gelten müssen, da dieser nur einen straferhöhenden Umstand des §. 350 cit., nicht eine selbständige Strafthat enthält, vgl. R.G.E. 2, 279.

[2]) „Mißbrauch der Waffe" i. S. des §. 55 M.St.G.B. ist gegenüber dem „rechtswidrigen Gebrauch" i. S. des §. 149 M.St.G.B. der allgemeinere Begriff, setzt insbesondere keinen bestimmungsgemäßen Gebrauch der Waffe noch auch einen Waffengebrauch gegen Personen voraus. — Eine mit der versorgten Seitenwaffe oder durch absichtliches Flachschlagen verübte Körperverletzung ist daher nur nach §§. 223 bezw. 223a St.G.B. in Verbindung mit §. 55 Z. 2 M.St.G.B. strafbar, also kein militärisches Delikt (vgl. S. 37 Anm. 3). Rundschr.d. Pr.Gen.Aud. vom 16. Juni 1874.

[3]) So auch Koppmann S. 28f., Hecker S. 5, 112.

sonach hier je nach der Zugehörigkeit zu einer der Personenkategorien ein verschiedener.

Es gehören hierher:

I. Die Personen des Beurlaubtenstandes uud die denselben gesetzlich gleich gestellten Personen.[1])

Diese stehen außerhalb der Zeit, in welcher sie zum Dienst beim aktiven Heer einberufen sind, (vgl. S. 12), unter Militärgerichtsbarkeit nur wegen Zuwiderhandlungen gegen die auf sie Anwendung findenden Vorschriften der Militärstrafgesetze (§. 5 Z. 1 M.St.G.O.)

Es sind dies nach §. 6 M.St.G.B. nur diejenigen Vorschriften des M.St.G.B., welche ausdrücklich auf sie für anwendbar erklärt sind, also folgende Fälle:

1. Auf alle Personen des Beurlaubtenstandes sind anwendbar:

a) die §§. 68, 69 ff. M.St.G.B. (betr. Nichtgestellung und Fahnenflucht nach bekannt gemachter Kriegsbereitschaft oder angeordneter Mobilmachung);

b) §§. 101, 113 M.St.G.B. (betr. unbefugte Veranstaltung von Versammlungen von Personen des Soldatenstandes behufs Berathung über militärische Angelegenheiten ꝛc.);

c) §§. 89—112 in Verbindung mit §. 113 M.St.G.B. (betr. alle Verbrechen und Vergehen wider die Pflichten der militärischen Unterordnung, sofern sie im dienstlichen Verkehr mit Vorgesetzten oder in der Militäruniform verübt sind, sowie Ungehorsam und Widersetzung [§§. 92, 94, 96 M.St.G.B.] gegen einen rechtmäßigen Befehl in dienstlichen Angelegenheiten);

d) §. 126 M.St.G.B. (Mißbrauch der Dienstgewalt im Sinn der §§. 114—124 M.St.G.B. gegen Untergebene, wenn im dienstlichen Verkehr mit solchen oder in der Militäruniform verübt);

e) §. 42 Absatz 2 M.St.G.B., wonach gegen Personen des Beurlaubtenstandes, welche während der Beurlaubung wegen Diebstahls, Unterschlagung, Raubes, Erpressung, Hehlerei, Betruges oder Urkundenfälschung civilgerichtlich verurtheilt worden sind, ein besonderes militärgerichtliches Verfahren zur Entscheidung darüber angeordnet werden kann, ob gegen eine solche Person auf Dienstentlassung oder Degradation zu erkennen sei (sofern diese Ehrenstrafen nicht schon von Rechtswegen gemäß §. 40 Absatz 1 M.St.G.Bs. eintreten).[2])

2. Die in §. 56 Z. 2—4 R.M.G. genannten Personen des Beurlaubtenstandes (es sind dies die oben S. 15 unter Z. 2b

---

[1]) Vgl. hierüber oben S. 14 fg.

[2]) Zuständig hiefür ist im Frieden der Gerichtsherr der höheren Gerichtsbarkeit (§§. 16, 17 M.St.G.O.).

bis d aufgeführten) sind ferner nach §. 60 Z. 3 R.M.G. den Bestimmungen des M.St.G.B. über unerlaubte Entfernung, Fahnenflucht, Selbstbeschädigung und Vorschützen von Gebrechen (§§. 64—83 M.-St.G.B.) in vollem Umfang unterworfen, also auch außer der Zeit, in der sie zum Dienst einberufen sind, sofern die Entfernung ꝛc. nur mit dem Vorsatz erfolgt, sich der Dienstpflicht dauernd oder auf Zeit zu entziehen.[1])

Zuständig sind für die niedere Gerichtsbarkeit bis zum Zeitpunkt der wirklichen Einstellung die Bezirkskommandeure, von da ab die Regimentskommandeure,[1a]) für die höhere Gerichtsbarkeit in allen Fällen die Divisionskommandeure (bezw. in Berlin und in Festungen zum Theil auch die Gouverneure.)

II. Die dem Beurlaubtenstand angehörigen Offiziere, Sanitätsoffiziere und Ingenieure des Soldatenstandes unterstehen ferner der Militärgerichtsbarkeit wegen Zweikampfs mit tödtlichen Waffen, wegen Herausforderung oder Annahme einer Herausforderung zu einem solchen Zweikampf und wegen Kartelltragens (§. 5 Z. 2 M.St.G.O.).[2])

Anstiftung und Beihülfe zum Zweikampf bezw. zur Herausforderung dazu (mit Ausnahme des Kartelltragens) verbleibt sonach der bürgerlichen Gerichtsbarkeit.

III. Die nicht zum Soldatenstand gehörenden Offiziere und Sanitätsoffiziere à la suite sind wegen der in der Militäruniform begangenen Zuwiderhandlungen gegen die militärische

---

[1]) Offiziere, Aerzte, Beamte und Mannschaften der Reserve, Ersatzreserve und Landwehr können sich dagegen der unerlaubten Entfernung bezw. Fahnenflucht nur nach erfolgter Einberufung zum Dienst schuldig machen. Im Uebrigen kann es sich bei ihnen nur um die Vergehen der Kontrolentziehung (§. 6 R.Ges. vom 15. Februar 1875) oder der unerlaubten Auswanderung (§§. 140 Z. 2, 360 Z. 3 St.G.B.) handeln, auch wenn die Auswanderung in der offenbaren Absicht erfolgt, sich dauernd der Verpflichtung zum Dienst zu entziehen. Zuständig sind wegen der erstgenannten Uebertretung die Bezirkskommandos, wegen der unerlaubten Auswanderung dagegen ausschließlich die bürgerlichen Gerichte (vgl. Erl. d. pr. Kr.Min. vom 18. Juni 1875 und des pr. Just.Min. vom 1. Februar 1875). — Neben der Bestrafung wegen unerlaubter Auswanderung kann nach dem Grundsatz ne bis in idem für die Zeitdauer des Ausgewandertseins nicht auch noch eine Bestrafung wegen Kontrolentziehung erfolgen (Erl. d. württ. K.Min. vom 31. Dezember 1898). — Ein einberufener Reservist ꝛc. kann neben der militärischen Bestrafung wegen unerlaubter Entfernung bzw. Fahnenflucht nicht auch noch civilgerichtlich wegen in derselben Zeit bzw. durch dieselbe Handlung verübter unerlaubter Auswanderung verurtheilt werden; vgl. Olshausen Note b, a zu §. 360 Z 3. St.G.B.

[1a]) Vgl. §. 259 Abs. 1. M.St.G.O.

[2]) Diese Bestimmung schließt sich an das bisherige preuß. Recht an; dem württ. und bayr. Recht war sie unbekannt. Uebrigens fiel auch nach Pr.M.St.G.O. §. 6 Z. 5 das Kartelltragen abweichend von der obigen Bestimmung der M.St.G.O. nicht unter Militärgerichtsbarkeit (vgl. R.G.E. 17, 248). Auch war bestritten, ob die Bestimmung der Pr.M.St.G.O. auf Sanitätsoffiziere des Beurlaubtenstandes Anwendung finde (vgl. R.G.E. 12, 231).

Unterordnung (§§. 89—113 M.St.G.B.) auch außerhalb der Zeit, während der sie zur Dienstleistung zugelassen sind, der Militärstrafgerichtsbarkeit, wie auch den materiellen Militärstrafgesetzen unterstellt (§. 5 Z. 3 M.St.G.O. vgl. mit §. 2 Abs. 3 M.St.G.B.).

IV. Nach §. 5 Z. 4 M.St.G.O. unterstehen ferner der Militärgerichtsbarkeit Ausländer und Deutsche wegen der in den §§. 160, 161 M.St.G.B. bezeichneten strafbaren Handlungen, nämlich:

1. gemäß §. 160 cit. wegen eines während des Kriegszustandes auf dem Kriegsschauplatz begangenen Kriegsverraths (§§. 57—59 M.St.G.B.) oder einer unter denselben Umständen verübten Plünderung Gefallener, Kranker 2c. (§. 134 M.St.G.B.);

2. gemäß §. 161 cit. wegen aller nach den deutschen Gesetzen strafbaren Handlungen, die sie (gleichviel ob während eines Krieges oder nicht) in einem von deutschen Truppen besetzten ausländischen Gebiet gegen deutsche Truppen oder Angehörige derselben oder gegen eine auf Anordnung des Kaisers eingesetzte Behörde begehen.[1])

V. Landgendarmen sind in denjenigen Bundesstaaten, wo sie nicht den vollen Militärgerichtsstand haben (vgl. S. 18), zum Theil wenigstens in beschränktem Umfang der Militärgerichtsbarkeit unterstellt, so in Bayern wegen der militärischen Verbrechen und Vergehen (bayr. M.St.G.O. A. 4; E.G. hierzu A. 7; Ges. vom 28. April 1872 A. 93; Ges. vom 27. September 1872 A. 16 Abs. 2).[2])[3])

In materiellrechtlicher Hinsicht findet auf die Gendarmen in

---

[1]) Der §. 161 M.St.G.B. enthält hienach eine Erweiterung des §. 4 St.G.B. Bei den Ausländern und den nicht in Militärverhältnissen stehenden Deutschen kann es sich jedoch hier nur um Zuwiderhandlungen gegen die allgemeinen Strafgesetze, nicht auch um solche gegen die Militärstrafgesetze handeln, da die Genannten, auch wenn die Handlung im Reichsgebiet begangen wäre, nicht unter die Militärstrafgesetze fallen würden (mit Ausnahme der Z. 1, oben genannten Fälle). Ebenso Solms S. 174 (Note 4 zu §. 161 M.St.G.B.).

[2]) Zuständig sind für die höhere Gerichtsbarkeit in 1. Instanz die Divisionskommandeure (Z. VII, 8 d. K.B.O. zur Ausf. der M.St.G.O.). Im Uebrigen sind Bestimmungen bis jetzt nicht ergangen.

[3]) In Württemberg sind die Mannschaften des Landjägerkorps jetzt ausschließlich der bürgerlichen Strafgerichsbarkeit sowie den allgemeinen Strafgesetzen unterworfen. Nur in disziplinärer Hinsicht unterstehen sie wegen Dienstvergehen, soweit nicht nach den allgemeinen Strafgesetzen seitens der Gerichte zu erkennen ist, der Disziplinarstrafgewalt ihrer Kommandeure; K.B.O. betr. die Organisation des Landjägerkorps vom 11. Oktober 1898 §§. 61, 62 f. (Reg.Bl. S. 241). — Da auch der bis dahin in Geltung gewesene Rechtszustand, wonach die Mannschaften des Landjägerkorps hinsichtlich Dienstvergehen sowohl den materiellen Militärstrafgesetzen als der Militärstrafgerichtsbarkeit unterstanden (was in einer Entsch. des württ. Kassationshofes vom 6. Juni 1877, W.Ger.Bl. S. 287, offenbar in Folge Uebersehens des §. 2 E.G. z. M.St.G.B., mit Unrecht bestritten ist), ebenfalls nur auf Kgl. Verordnung (vom 5. Juni 1828 §§. 21 ff.) beruhte, so wird an der Gesetzmäßigkeit der oben genannten Bestimmungen der K.B.O. vom 11. Oktober 1898 nicht zu zweifeln sein.

Bayern noch das M.St.G.B. vom 29. April 1869 (abgeändert durch Gesetz vom 28. April 1872) Anwendung.

Hinsichtlich der Dauer des beschränkten Militärgerichtsstandes in den zu I—V genannten Fällen gelten die oben (S. 32ff.) für den unbeschränkten Militärgerichtsstand dargestellten Grundsätze: also Fortdauer des Militärgerichtsstandes nach Beendigung des ihn begründenden Verhältnisses (insbesondere nach Ausscheiden aus dem Beurlaubtenstand) wegen vorher verübter militärischer Delikte; hingegen wegen Zuwiderhandlungen gegen die allgemeinen Strafgesetze (soweit solche überhaupt hier in Frage kommen, wie insbesondere der Zweikampf ꝛc.) Fortdauer des Militärgerichtsstandes nur dann, wenn entweder bereits Anklage erhoben war oder mit dem Vergehen ein militärisches Delikt zusammentrifft (§. 10 M.St.G.O.).

Trifft dagegen in einem der oben genannten Fälle mit einem unter den außerordentlichen Militärgerichtsstand fallenden militärischen oder nichtmilitärischen Delikt ein anderes, überhaupt nicht zur beschränkten Militärgerichtsbarkeit, sondern zur civilgerichtlichen Zuständigkeit gehöriges Delikt zusammen (z. B. eine Urkundenfälschung oder Majestätsbeleidigung mit einem Vergehen gegen die militärische Unterordnung im dienstlichen Verkehr einer Person des Beurlaubtenstandes mit einem Vorgesetzten, oder eine Beleidigung mit einer Herausforderung zum Zweikampf seitens eines Offiziers ꝛc. des Beurlaubtenstandes), so ergiebt sich zwar im Fall der Idealkonkurrenz aus dem Grundsatz, daß die den Gegenstand der Aburtheilung bildende That in ihren sämmtlichen strafrechtlichen Beziehungen der Beurtheilung des zuständigen Gerichts unterliegt, nothwendig die militärgerichtliche Zuständigkeit auch hinsichtlich der ideal konkurrirenden bürgerlichen Delikte; dagegen bleibt bei realer Konkurrenz die Militärgerichtsbarkeit auf das nach den oben erörterten Bestimmungen unter die militärische Zuständigkeit fallende Delikt beschränkt, da der oben S. 23 für den ordentlichen Militärgerichtsstand aufgestellte Grundsatz, daß das militärische Delikt die damit real zusammentreffenden bürgerlichen Delikte in Ansehung der Zuständigkeit nach sich zieht, nicht ohne weiteres auf den außerordentlichen Militärgerichtsstand angewendet werden kann, eine solche Ausdehnung dieses singulären Militärgerichtsstandes vielmehr nach dem Grundsatz, daß Ausnahmen strikt zu interpretiren sind, ausdrücklicher gesetzlicher Bestimmung bedurft hätte, wie eine solche auch die Preußische Militärstrafgerichtsordnung in §. 6 letzter Absatz enthielt. Hienach bleibt in solchen Fällen nur getrennte Aburtheilung durch das bürgerliche- und Militärgericht übrig unter Anwendung von §. 79 Strafgesetzbuchs.[1])

[1]) Nach dem oben Ausgeführten gehören auch die von einem ausgehobenen, vor der Einstellung fahnenflüchtig gewordenen Rekruten während der Dauer der Fahnenflucht verübten Zuwiderhandlungen gegen die allgemeinen Strafgesetze nicht ohne

VI. Einen weiteren, den bisherigen deutschen Militärprozeßgesetzen völlig fremden außerordentlichen Militärgerichtsstand früherer Angehöriger des aktiven Heeres hat der §. 11 Militärstrafgerichtsordnung nach dem Vorgang des belgischen Strafprozesses eingeführt.[1])

Das gesetzgeberische Motiv dieses neuen Militärgerichtsstandes ist die Absicht, die militärischen Vorgesetzten gegen Racheakte früherer Untergebener aus Anlaß der früheren dienstlichen Beziehungen durch Zuweisung solcher Handlungen an die Militärgerichtsbarkeit in verstärktem Maße zu schützen, ohne daß jedoch damit auch die materiellen Militärstrafgesetze (das M.St.G.B.) auf solche Handlungen für anwendbar erklärt wäre.[2])

Die gesetzlichen Voraussetzungen dieses neuen außerordentlichen Militärgerichtsstandes sind folgende:

1. Der Thäter muß ein früherer Angehöriger des aktiven Heeres sein, gleichviel ob er noch dem Beurlaubtenstande angehört oder nicht.[3]) Wodurch die Zugehörigkeit zum aktiven Heer begründet war, ob durch Anstellung als Offizier, Militärbeamter ꝛc., Einstellung zur Erfüllung der gesetzlichen Dienstpflicht, Kapitulation oder Einberufung zum Dienst ꝛc., ist gleichgiltig (vgl. S. 12).

2. Die That muß folgende objektive und subjektive Voraussetzungen erfüllen:

a) sie darf nur sein: eine Beleidigung (§§. 185 ff. St.G.B.), Körperverletzung (§§. 223 ff. St.G.B.), Herausforderung zum Zweikampf bezw. ein in Folge dieser Herausforderung stattgefundener Zweikampf selbst (§§. 201, 202, 205—208 St.G.B.).

Außer Betracht bleibt hienach z. B. die Majestätsbeleidigung,

---

Weiteres vor die Militärgerichte, vielmehr kann entsprechend den oben S. 25 ff dargestellten Grundsätzen nach der militärgerichtlichen Aburtheilung wegen Fahnenflucht die Entlassung des Abgeurtheilten zur Disposition der Ersatzbehörden erfolgen und damit hinsichtlich der vor der Einstellung verübten Delikte die civilgerichtliche Zuständigkeit begründet werden. Wird dagegen der fahnenflüchtige Rekrut nach seiner Ergreifung gar nicht ins aktive Heer eingestellt (z. B. weil er inzwischen von einem bürgerlichen Gericht wegen eines anderen gemeinen Deliktes zu einer mehr als 6 wöchigen Freiheitsstrafe verurtheilt worden und in Verbüßung dieser Strafe begriffen ist), so muß unter allen Umständen getrennte Aburtheilung wegen der Fahnenflucht durch das Militärgericht erfolgen. Die Vollstreckung der von letzterem zu erkennenden Zusatzstrafe geht auf die bürgerlichen Behörden über, da solche Rekruten gemäß §. 81 Z. 8 W.O. aus dem Beurlaubtenstand ausscheiden und in die Reihe der Militärpflichtigen zurücktreten (vgl. unten S. 78, Anm. 3).

[1]) Vgl. A. 5 des belgischen Code pénal i. A. 9 des Entwurfs eines Code de procédure pénale militaire von 1890 (Begr. S. 72).

[2]) Vgl. Begr. S. 72. — Deren Anwendbarkeit gegen frühere Angehörige des aktiven Heeres außerhalb einer Einberufung zum Dienst beschränkt sich auf die oben unter I genannten Fälle.

[3]) Auf frühere Angehörige der Landgendarmerie findet also dieser Militärgerichtsstand keine Anwendung, da sie nicht zum aktiven Heer gehören. (§. 38 R.M.G.).

die falsche Anschuldigung (§§. 94ff., 164 M.St.G.Bs.), da beide nicht unter den Begriff der Beleidigung im Sinn des 14. Abschnitts des Strafgesetzbuchs fallen, ferner auch die Tödtung (§§. 211ff. St.G.Bs.).[1])

b) Diese That muß gerichtet sein gegen einen früheren militärischen, noch im aktiven Dienst befindlichen Vorgesetzten; die Beleidigung muß überdies im Verkehr mit dem früheren Vorgesetzten oder mit einer Militärbehörde verübt sein.

Unter Vorgesetzten sind nicht etwa nur die unmittelbaren Vorgesetzten (Feldwebel, Kompagniechef 2c.) zu verstehen, sondern allgemein alle Vorgesetzte, zu denen der Thäter während seiner Zugehörigkeit zum aktiven Heer überhaupt im Untergebenenverhältniß gestanden hat.[2]) Jeder Offizier und Sanitätsoffizier des deutschen Heeres ist demnach früherer Vorgesetzter jedes früheren aktiven Unteroffiziers und Gemeinen; jeder Unteroffizier Vorgesetzter jedes Gemeinen; innerhalb der Klasse der Unteroffiziere ist nur der Feldwebel bezw. Wachtmeister Vorgesetzter der Unteroffiziere seiner Kompagnie, Eskadron 2c.[3]) Die Offiziere jeder höheren Hauptklasse sind Vorgesetzte aller Offiziere der niederen Hauptklassen (vgl. die Klasseneintheilung in der Anlage zum M.St.G.B. litt. A, 1—4). Dasselbe gilt von den Sanitätsoffizieren unter sich, wogegen ein Vorgesetztenverhältniß der Offiziere zu den Sanitätsoffizieren nur insoweit, als die letzteren den ersteren unmittelbar unterstellt sind, ein Vorgesetztenverhältniß der Sanitätsoffiziere gegenüber den Offizieren dagegen überhaupt nicht besteht.[4]) Militärbeamte sind den Personen des Soldatenstandes gegenüber überhaupt nicht Vorgesetzte, wohl aber gegenüber den ihnen unmittelbar unterstellten Beamten.

Der frühere Vorgesetzte muß zur Zeit der That (also nicht auch zur Zeit der Einleitung der Untersuchung) noch im

---

[1]) Soweit die Verfolgung dieser Vergehen nach dem St.G.B. vom Antrage des Verletzten abhängt, bleibt der Strafantrag auch im militärgerichtlichen Verfahren erforderlich, da für die materielle Beurtheilung der That lediglich die allmeinen Strafgesetze maßgebend sind. Ebenso finden z. B. auch die §§. 193, 199, 233 St.G.B. Anwendung.

[2]) A. M. Weiffenbach S. 19 Z. 8, unter Berufung auf die Fassung des Entwurfes, aus der aber gegen die oben vertretene Ansicht nichts folgt, während die Begründung zu §. 8 Entw. ausdrücklich die obige Auffassung bestätigt (S. 72).

[3]) Vgl. Hecker S. 187f.

[4]) Vgl. die Pr.K.V.O. über die Organisation des Sanitätskorps vom 20. Februar 1868, vom 31. Dezember 1872 und 6. Februar 1873; Bayr.V.O. vom 28. November 1892 und vom 10. Mai 1893 (V.Bl. S. 98). Württ.M.V.Bl. 1873 S. 187. — Wegen der Mitglieder des Maschineningenieurkorps vergl. Pr.K.V.O. vom 7. Mai 1872 und organisatorische Bestimmungen für das Personal des Soldatenstandes der Marine vom 31. Januar 1893 (Mar.V.Bl. Nr. 2).

aktiven Dienst sein; als aktiver Dienst ist auch die Einberufung aus dem Beurlaubtenstand, sowie wohl auch die vorübergehende Wiederverwendung eines verabschiedeten Offiziers anzusehen.[1])

Wenn das Gesetz bei Beleidigungen deren Verübung im Verkehr mit dem früheren Vorgesetzten bezw. einer Militärbehörde verlangt, so ist damit die dem Thäter bewußte Herstellung einer (mündlichen oder schriftlichen) Verbindung mit dem Beleidigten erfordert, welche die Kenntnißnahme des letzteren von der beleidigenden Kundgebung ermöglicht. Es scheiden also aus diejenigen Fälle, in denen die beleidigende Kundgebung Dritten gegenüber erfolgt und ihre Uebermittelung an den Beleidigten, wenn auch vielleicht nicht gegen den Willen des Thäters, so doch nicht auf dem Weg eines zu diesem Zweck hergestellten mittelbaren oder unmittelbaren Verkehrs mit dem Beleidigten stattfindet, so z. B. beleidigende Aeußerungen im Freundeskreis, in einer öffentlichen Versammlung (je in Abwesenheit des Beleidigten) sowie insbesondere in der Presse.[2])

Andererseits braucht der „Verkehr" keineswegs ein unmittelbarer, persönlicher zu sein,[3]) er kann ein schriftlicher, durch dritte Beauftragte (z. B. die Post) vermittelter sein, wonach z. B. auch die Zusendung einer beleidigenden Druckschrift oder Preßäußerung an den Beleidigten (nicht aber auch deren anderweite Verbreitung) genügt.

Ist die Kundgebung eine mündliche, so ist nicht erforderlich, daß sie direkt an den Beleidigten gerichtet sei; vielmehr reicht eine wissentlich in Gegenwart bezw. in Hörweite des früheren Vorgesetzten erfolgte, zu seiner Kenntnißnahme bestimmte Aeußerung zu Dritten hin.

Der Verkehr mit dem Vorgesetzten muß ein außerdienstlicher sein; ist er ein dienstlicher (was jedoch nur dann der Fall sein kann, wenn es sich um den Verkehr von Personen des Beurlaubtenstandes mit Vorgesetzten hinsichtlich des Beurlaubtenverhältnisses handelt) so gilt das oben unter I. Gesagte (S. 41).

---

[1]) Der Umstand, daß der Thäter zur Zeit der That denselben militärischen Rang bezw. Dienstgrad besitzt, wie der frühere Vorgesetzte, ist unerheblich.

[2]) Der Umstand, ob eine einem Dritten gegenüber erfolgte Kundgebung bestimmt war, zur Kenntniß des Beleidigten zu kommen (so anscheinend Weiffenbach S 19 Z. 4), kann nicht wohl als entscheidendes Kriterium angesehen werden; denn sonst müßten folgerichtig auch beleidigende Aeußerungen in öffentlicher Versammlung oder Preßäußerungen, wenn sie vom Urheber zur späteren Kenntnißnahme des Beleidigten bestimmt waren, als Beleidigungen „im Verkehr" mit dem Beleidigten unter §. 11 cit. fallen, was nach der Entstehungsgeschichte des §. gerade ausgeschlossen werden sollte (vergl. stenogr. Berichte S. 2176).

[3]) Ein auf die Fassung „im unmittelbaren persönlichen Verkehr" zielender Antrag wurde im Reichstag abgelehnt (stenogr. Berichte S. 2177).

Erfolgt die Kundgebung im Verkehr mit einem früheren Vorgesetzten, so muß dieser auch der Beleidigte sein[1]); die Beleidigung im Verkehr mit einer Militärbehörde dagegen kann auch gegen einen andern früheren Vorgesetzten als denjenigen, welcher die betreffende Militärbehörde repräsentirt, gerichtet sein (z. B. Beleidigung eines früheren Vorgesetzten in einem Brief an das Kriegsministerium).

c) Das Motiv der That muß in der dem Thäter während seiner Dienstzeit widerfahrenen Behandlung liegen.[2])

Das maßgebende Moment für die Bestimmung des Gerichtsstandes ist demnach ein rein subjektives; es wird nicht etwa das objektive Vorliegen einer vorschriftswidrigen Behandlung des Thäters durch den früheren Vorgesetzten im Sinn der §§. 121, 122 Militärstrafgesetzbuchs erfordert, sondern lediglich, daß Beweggrund der That das subjektive Gefühl der Mißstimmung des Thäters über das dienstliche Verhalten[3]) des früheren Vorgesetzten gegen ihn war, mag dieses Verhalten auch die Grenzen des gesetzlich Erlaubten durchaus nicht überschritten haben.

Eine persönliche Beziehung des Thäters zu dem das Motiv der That bildenden früheren Vorgang ist jedoch erforderlich; es genügt also nicht zur Begründung des Militärgerichtsstandes, wenn die einem Angehörigen oder Freund des Thäters widerfahrene Behandlung das Motiv der That bildet.

Andererseits wird aber nicht zu erfordern sein, daß der durch die That verletzte frühere Vorgesetzte gerade derselbe sei, dessen früheres Verhalten gegenüber dem Thäter das Motiv der That bildet, vorausgesetzt nur, daß überhaupt ein Kausalzusammenhang zwischen letzterem Verhalten des einen und der That gegen den andern früheren Vorgesetzten besteht. Es genügt also z. B., wenn der Thäter wegen der ihm vom Vater widerfahrenen Behandlung der Sohn, wegen der ihm von dem einen Vorgesetzten widerfahrenen Behandlung einen anderen derselben Klasse oder desselben Truppentheils beleidigt ꝛc., vorausgesetzt nur, daß letzterer ebenfalls sein früherer Vorgesetzter war.[4])

---

[1]) Dies folgt aus den Worten „im Verkehr mit dem früheren Vorgesetzten" in Abs. 2 des §. 11 cit.

[2]) Daraus geht hervor, daß sich der Gerichtsstand des §. 11 M.St.G.O. nur auf vorsätzliche Delikte bezieht.

[3]) Daß das außerdienstliche Verhalten des Vorgesetzten zum Thäter außer Betracht bleibt, geht aus der ursprünglichen Fassung des §. 8 Entwurfs („aus Anlaß der dienstlichen Beziehungen") hervor, welche durch die jetzige Fassung nicht eine Erweiterung, sondern im Gegentheil eine Einschränkung erfahren sollte (vergl. Komm.Ber. S. 20, 21).

[4]) Gegen diese Auffassung läßt sich aus dem Entwurf und seiner Begründung nichts folgern; vielmehr läßt auch die allgemeine Fassung des Entw. „aus Anlaß

3. Dieser außerordentliche Militärgerichtsstand ist zeitlich insofern eingeschränkt, als er nur dann Platz greift, wenn eine That der oben genannten Art innerhalb eines Jahres nach Beendigung des die Militärgerichtsbarkeit (d. h. den ordentlichen Militärgerichtsstand) begründenden Verhältnisses verübt ist.

Da dieses Verhältniß, wie aus dem oben S. 12, 16 ff. Gesagten hervorgeht, je nach dem Grund der Zugehörigkeit einer Person zum aktiven Heer (denn nur um diese handelt es sich hier, nicht auch um die Zugehörigkeit zum Beurlaubtenstand) ein verschiedenartiges sein kann (nämlich entweder Einstellung zur Erfüllung der gesetzlichen oder freiwillig übernommenen Dienstpflicht, Anstellung im Heer, Kapitulation, Einberufung zum Dienst 2c.), so ist auch der Zeitpunkt des Beginns dieser einjährigen Frist nicht ein feststehender, für alle verschiedenen Klassen von Angehörigen des aktiven Heeres einheitlich normirter, (wie etwa der Zeitpunkt des Ablaufs der militärischen Kontrole, von dem ab der Entwurf die Frist beginnen lassen wollte); vielmehr beginnt je mit Beendigung eines der oben genannten Dienstverhältnisse, also z. B. auch mit dem Ende jeder Einberufung zum Dienst eine neue 1jährige Frist zu laufen, woraus sich die Möglichkeit des Nebeneinanderherlaufens mehrerer solcher Fristen von verschiedenen Anfangsterminen ab ergiebt.[1])

Da auch die Einbeorderung zur Kontrolversammlung oder anderem kürzeren Dienst (z. B. Strafvollzug, gerichtliche Untersuchung u. dergl.) zu den die Militärgerichtsbarkeit begründenden Verhältnissen gehört (vgl. S. 12), so ergiebt sich die Konsequenz, daß auch vom Ablauf des Tages der Kontrolversammlung 2c. an stets die 1jährige Frist von neuem zu laufen beginnt, so daß de facto während der Zugehörigkeit zum Beurlaubtenstand stets eine solche Frist läuft. Jedoch gilt die jeweilige Frist, wie aus dem ganzen Sinn der Gesetzesbestimmung sich ergiebt, stets nur für solche Strafthaten, deren Motiv in einer dem Thäter gerade während der letzten, für den Beginn der Frist maßgebenden Dienstleistung widerfahrenen Kränkung liegt. Bildet dagegen eine während einer früheren, seit mehr als einem Jahr beendeten Dienstleistung dem Thäter seitens eines Vorgesetzten vermeintlich zu Theil gewordene Kränkung das Motiv der That, so ist die Militärgerichtsbarkeit nicht begründet, auch wenn inzwischen eine neue Einberufung zum Dienst

---

der früheren dienstlichen Beziehungen" diese allgemeinere Deutung zu. Mindestens aber ist in der jetzigen Fassung des Gesetzes eine etwaige gegentheilige Absicht des Gesetzgebers nicht zum Ausdruck gekommen, obwohl dies durch eine geringe Aenderung (Einschaltung der Worte „von diesem Vorgesetzten" vor „widerfahrene Behandlung") leicht hätte geschehen können.

[1]) Z. B.: wenn ein Angehöriger des Beurlaubtenstandes vor Ablauf eines Jahres nach Beendigung seiner aktiven Dienstzeit zum Dienst einberufen wird. — Ob der Thäter der Einberufung Folge geleistet hat, ist gleichgültig, da auch die Begründung des Militär-Gerichtsstandes hiervon unabhängig ist (vgl. oben S. 18.)

erfolgt ist und damit der Lauf einer neuen 1jährigen Frist begonnen hat.[1])

Das Aufhören der Zugehörigkeit zum Beurlaubtenstand ist auf den Lauf der Frist ohne Einfluß; begründet jedoch nicht etwa an sich den Beginn einer neuen einjährigen Frist hinsichtlich der während der Dauer des Beurlaubtenstandes dem Thäter widerfahrenen Behandlung, da das Gesetz nur an die Beendigung eines den unbeschränkten Militärgerichtsstand begründenden Verhältnisses den Beginn einer solchen Frist knüpft.

Die einjährige Frist beginnt mit dem Tage, auf den die Beendigung des betreffenden Dienstverhältnisses fällt; falls dieses jedoch nach den oben S. 12 ff. genannten Bestimmungen bis zum Ablauf des letzten Tages dauert, erst mit dem folgenden Tag; sie endigt mit dem Ablauf des durch seine Benennung dem Tage des Beginns entsprechenden Tags des folgendes Jahrs.[2])

4. In der Praxis wird dieser neue Militärgerichtsstand leicht zu Kompetenzkonflikten zwischen bürgerlichen und Militärgerichten führen. Denn, wenn es auch richtig ist, daß, wie regierungsseitig in der Kommission hervorgehoben wurde,[3]) „die Kompetenzverhältnisse sich danach richten, ob und in welcher Lage des Verfahrens das entscheidende Moment hervortrete", so können doch hinsichtlich des Vorliegens dieses in einem rein subjektiven Motiv des Thäters liegenden Kriteriums bezw. über dessen Erweislichkeit sehr leicht Meinungsverschiedenheiten entstehen. Jedenfalls hat das Civilgericht bezw. die Staatsanwaltschaft das Vorhandensein der Voraussetzungen des §. 11 Militärstrafgerichtsordnung in jeder Lage des Verfahrens (auch im Privatklageverfahren) von Amtswegen zu prüfen (§. 6 St.P.O.) und, je nachdem das entscheidende Moment (das oben genannte Motiv) im Vorverfahren oder in der Hauptverhandlung sich herausstellt, ganz ebenso wie wenn aus andern Gründen die Militärgerichtsbarkeit begründet erscheint, die Unzuständigkeit des bürgerlichen Gerichts durch Beschluß oder Urtheil auszusprechen und die Sache an das zuständige

---

[1]) Hierin liegt der wesentliche Unterschied vom Entwurf, der hinsichtlich aller durch die dienstlichen Beziehungen während irgend einer früheren Dienstleistung veranlaßten Beleidigungen ꝛc. gegen frühere Vorgesetzte die Frist während der ganzen Zugehörigkeit zum Beurlaubtenstand und noch 2 Jahre darüber hinaus fortdauern lassen wollte. Aus der Ablehnung dieser Bestimmung des Entwurfs im Reichstag folgt daher nichts gegen die oben vertretene, aus der jetzigen Fassung des Gesetzes sich mit Nothwendigkeit ergebende Auffassung, daß auch mit der Einbeorderung zur Kontrolversammlung ꝛc. bezüglich der auf diesen Dienst sich beziehenden Vorkommnisse eine neue einjährige Frist zu laufen beginne.

[2]) Die Bestimmung des §. 146 Abs. 3 M.St.G.O., wonach, wenn das Ende einer Frist auf einen Sonntag ꝛc. fällt, die Frist erst mit Ablauf des darauffolgenden Tages endigt, findet hier wohl keine Anwendung, da es sich nicht um eine Prozeßfrist im eigentlichen Sinn handelt.

[3]) Vgl. Komm.Ber. S. 21.

Militärgericht abzugeben.[1]) Dasselbe gilt für das zuerst befaßte Militärgericht, wenn es die Voraussetzungen des §. 11 cit. nicht für erwiesen erachtet, nur daß dieses gemäß §§. 245, 328 Militärstrafgerichtsordnung seine Unzuständigkeit in allen Fällen durch bloßen Beschluß auszusprechen hat.

Entsteht zwischen bürgerlichem und Militärgericht ein positiver oder negativer Kompetenzstreit, so gelten die unten S. 62 ff. dargestellten Grundsätze.

Nach rechtskräftiger Aburtheilung der Sache durch das Civilgericht, steht einem nochmaligen militärgerichtlichen Verfahren wegen derselben Handlung der Satz ne bis in idem entgegen, auch wenn das Civilgericht unter Nichtbeachtung des §. 11 Militärstrafgerichtsordnung zu Unrecht seine Zuständigkeit angenommen hatte.

5. Trifft mit dem gemäß §. 11 cit. unter die militärgerichtliche Zuständigkeit fallenden Vergehen ein andres, zur civilgerichtlichen Zuständigkeit gehöriges Delikt zusammen (z. B. mit Beleidigung eines früheren, noch aktiven Vorgesetzten eine Beleidigung einer andern Person, auf welche die Voraussetzungen des §. 11 cit. nicht zutreffen, oder eine Bedrohung, Hausfriedensbruch u. dgl.), so finden die oben S. 44 erörterten Grundsätze auch hier Anwendung, wonach bei Idealkonkurrenz die Militärgerichtsbarkeit sich auf beide Vergehen erstreckt, bei Realkonkurrenz dagegen getrennte Untersuchung und Aburtheilung durch Civil- und Militärgericht erfolgen muß.

C. Die Fälle des abtretbaren Militärgerichtsstands.

1. Rechtliche Bedeutung der Abtretung.

Die Militärstrafgerichtsordnung kennt zwei Fälle, in denen die Untersuchung und Aburtheilung eines an sich nach den bisher dargestellten Grundsätzen zur militärgerichtlichen Zuständigkeit gehörenden Straffalls dem bürgerlichen Gericht überlassen werden kann. Die Zuständigkeit der bürgerlichen Gerichte ist in solchen Fällen eine abgeleitete; sie wird erst durch die Abtretung seitens des Militärgerichts (Gerichtsherrn) begründet. Vor erfolgter Abtretung sind daher die Civilgerichte in solchen Fällen ganz ebenso unzuständig wie in sonstigen unter ausschließliche Militärgerichtsbarkeit fallenden Strafsachen.[2])

---

[1]) Bezüglich der Zuständigkeit gilt das oben S. 26 Anm. 3 Gesagte.

[2]) R.G.Rechtspr. 10, 472 ff. — Eine ähnliche Abtretungsbefugniß an die Civilgerichte kannte die Pr.M.St.G.O. in den Fällen der §§. 8, 14, 17; der Württ. Mil.-Strafprozeß in dem (durch Art. 5 Z. 8 Ges. vom 17. August 1849 aufgehobenen) Art. 129 Z. 4 der mil. Strafges. von 1818; das bayrische Recht in Art. 73 ff. d. Ges. vom 18. August 1879.

Dem Abtretungsrecht der Militärgerichtsbehörden entspricht, wenn die Voraussetzungen der Abtretung vorliegen, eine Uebernahmepflicht der bürgerlichen Gerichtsbehörden, denn mit dem gesetzlich zugelassenen Verzicht auf die Militärgerichtsbarkeit ist, so lange die gesetzlichen Bedingungen des Verzichts bestehen, für den speziellen Fall der Sondergerichtsstand aufgehoben und tritt von selbst wieder die Regel des §. 13 Gerichtsverfassungsgesetzes, daß die Strafsachen vor die ordentlichen Gerichte gehören, ein.[1])

Die einmal erfolgte Abtretung kann nicht willkürlich zurückgenommen, auch nicht an einen Vorbehalt geknüpft werden; in wieweit sie dagegen durch das Wegfallen ihrer gesetzlichen Voraussetzungen ipso iure ihre Wirkung verliert, wird unten zu erörtern sein (vgl. S. 59).

2. Voraussetzungen der Abtretung.

Die Abtretung ist in folgenden Fällen zulässig:

1. Im Fall eines objektiven Zusammenhangs zwischen Militär- und Civilstrafsachen, d. h. wenn an ein und derselben Zuwiderhandlung gegen die allgemeinen Strafgesetze mehrere Personen als Thäter, Theilnehmer, Begünstiger oder Hehler sich betheiligt haben, von denen die eine der militärischen, die andre der bürgerlichen Strafgerichtsbarkeit unterstellt ist, oder wenn wechselseitige Beleidigungen oder Körperverletzungen zwischen solchen einer verschiedenen Gerichtsbarkeit unterstellten Personen vorgekommen sind (§. 4 M.St.G.O.).[2])

1. Voraussetzung der Abtretung ist also hier:

entweder

a) eine Betheiligung der oben genannten Personen an derselben strafbaren Handlung.

Hierunter ist außer der Begünstigung und Hehlerei nicht nur die Theilnahme i. S. der §§. 47 ff. Strafgesetzbuchs, sondern

---

[1]) Dagegen kann eine Staatsanwaltschaft dann, wenn sie eine strafbare Handlung gegen die abgetretene Militärperson von vornherein gar nicht für angezeigt erachtet, natürlich nicht zum Einschreiten verpflichtet sein. Ueber den Fall, wenn ein Strafverfahren gegen Civilpersonen seitens der Staatsanwaltschaft gar nicht eingeleitet wird, vgl. unten S. 55.

[2]) In Preußen war bisher bei Betheiligung von Civil- und Militärpersonen an derselben strafbaren Handlung sowie bei wechselseitig zwischen solchen Personen vorgefallenen Beleidigungen und Thätlichkeiten die Untersuchung von einem aus Militär- und Civilgerichtspersonen gemischten Gericht zu führen (Pr.M.St.G.O. §§. 52, 53). In Bayern war wenigstens im erstgenannten Fall die Abtretung an das Civilgericht zugelassen, jedoch dem Mil.-Gericht bis zur Beendigung des Vorverfahrens die Befugniß gewährt, die Sache wieder an sich zu ziehen (§§. 73—76 Bayr.Ges. vom 18. August 1879). In Württemberg waren nach Art. 6 Z. 8 d. Ges. vom 17. August 1849 bei Betheiligung von Civil- und Militärpersonen an ein und demselben nichtmilitärischen Delikt auch für die betheiligten Militärpersonen ausschließlich die Civilgerichte zuständig.

überhaupt jede strafbare Mitwirkung an dem eine Rechtsverletzung bildenden äußeren Vorgang nach ein und derselben Richtung zu verstehen, ohne Rücksicht darauf, ob das Zusammenwirken ein bewußtes und gewolltes ist oder nicht und ob durch die Mitwirkung des Einen ein anderer gesetzlicher Thatbestand verwirklicht wird als durch die des Andern. Es folgt dies schon aus dem Nebeneinanderstehen der Worte „Thäter" und „Theilnehmer", sofern der Mitthäter im Sinne des §. 47 Strafgesetzbuchs unter den Begriff des „Theilnehmers" fällt, unter dem „Thäter" also nicht der Mitthäter verstanden sein kann.[1]) Eine „Betheiligung" im Sinne des §. 4 cit. liegt daher z. B. auch vor bei fahrlässiger Verursachung desselben Erfolges durch mehrere,[2]) ferner beim Kartellträger im Verhältniß zum Duellanten (§§. 201, 203, 205 St.G.B.).[3]) Ferner gehören hierher auch die Fälle der sogenannten nothwendigen Theilnahme, d. h. derjenigen strafbaren Handlungen, welche nach ihrem gesetzlichen Thatbestand das Zusammenwirken mehrerer voraussetzen, ohne daß dies Zusammenwirken unter den Begriff einer strafbaren Theilnahme im Sinne der §§. 47 Strafgesetzbuchs zu fallen braucht, z. B. §§. 124, 125, 128, 142 Abs. 1 und 2, 172, 173, 175, 176 Z. 3, 205, 227, 331—334 Strafgesetzbuchs. Es geht dies schon daraus hervor, daß gelegentlich der Bestimmnng des Begriffs des objektiven Zusammenhangs in §§. 34, 35 Militärstrafgerichtsordnung die Fälle der nothwendigen Theilnahme ausdrücklich hervorgehoben sind (vgl. §. 35 M.St.G.O.).[4]) Der Umstand, daß dies nicht schon gelegentlich des §. 4 Militärstrafgerichtsordnung geschehen ist, spricht nicht gegen die obige Auffassung, hat seinen Grund vielmehr lediglich in der Entstehungsgeschichte des §. 4 cit., welcher erst durch die Reichstagskommission in das Gesetz gekommen ist.[5])

---

1) Vgl. R.G.E. 9, 870; 11, 800; 12, 122; 17, 101 u. A. Löwe Note 12a zu §. 56 St.P.O. (alle auf §. 56 Z. 8 St.P.O. bezüglich); ferner E. 25, 15 ff. (auf §. 8 St.P.O. bezüglich). Vgl. auch die bisherige bayr. Praxis bei Weigel, der Bayr.Mil.Strafprozeß S. 818 ff.

2) R.G.E. 8, 229; Rechtspr. 9, 414 (betr. §. 56 Z. 8 St.P.O.).

3) Entsch. des Württ.Kassationshofs vom 14. Juni 1877; 21. Dezember 1887; 4. Januar 1888.

4) Es geschah dies in Hinblick auf eine vorausgesetzte gegentheilige Interpretation des §. 8 St.P.O. (Begr. S. 88), deren Richtigkeit jedoch bestritten ist. (Gegen die Annahme, daß der cit. §. 8 sich nicht auf die Fälle der nothwendigen Theilnahme erstrecke vgl. Bennecke, Lehrbuch des Strafprozesses S. 96, A. 8; Mittermaier, die M.St.G.O. S. 66, A. 85; R.G.E. 25, 15).

5) Es wird hienach lediglich als ein Redaktionsversehen anzusehen sein, daß in §. 4 M.St.G.O. eine Bezugnahme auf §. 85 M.St.G.O. unterlassen wurde. — Die obige Auffassung wird dadurch unterstützt, daß auch die entsprechenden Be-

Oder es ist vorausgesetzt

b) die wechselseitige Verübung von Beleidigungen oder Körperverletzungen zwischen Civil- und Militärpersonen,[1]) welche an sich nicht unter den Begriff der Betheiligung im oben genannten Sinne fallen würde.

Wechselseitigkeit setzt hier ebensowenig wie im Sinne der §§. 198, 232 Strafgesetzbuchs einen ursächlichen oder thatsächlichen Zusammenhang zwischen den beiden Beleidigungen bezw. Körperverletzungen voraus;[2]) sie ist auch nicht identisch mit Erwiderung auf der Stelle im Sinne der §§. 199, 233 Strafgesetzbuchs; es genügen vielmehr auch zeitlich auseinanderliegende Beleidigungen ꝛc. Jedoch müssen die beiden Thäter je selber zugleich die Verletzten sein und genügt es nicht, wenn der eine Verletzte seinerseits einer Beleidigung ꝛc. nicht gegen den Gegner selbst, sondern gegen eine von demselben im Antragsrecht vertretene Person (Ehefrau, minderjähriger Sohn ꝛc. §§. 65, 195 St.G.B.) sich schuldig gemacht hat.

Da die Militärstrafgerichtsordnung keine Privatklage und daher auch keine Widerklage kennt, da ferner auch in dem seitens einer Militärperson gegen eine Civilperson beim Civilgericht anhängig gemachten Privatklageverfahren eine Widerklage gegen die unter ausschließlicher Militärgerichtsbarkeit stehende Militärperson ausgeschlossen ist, so wäre bei getrennter Aburtheilung der wechselseitigen Beleidigungen ꝛc. durch Civil- und Militärgericht das dem Verklagten durch §§. 198, 232 Strafgesetzbuchs gegebene Recht, eine vom Kläger früher gegen ihn verübte Beleidigung oder leichte Körperverletzung auch nach Ablauf der dreimonatlichen Antragsfrist noch zur Kompensation im Wege der Widerklage zu verwenden (vgl. §. 428 St.P.O.), nicht wohl realisirbar, sofern der §. 198 Strafgesetzbuchs wohl die Verhandlung beider wechselseitigen Beleidigungen in demselben Strafverfahren voraussetzt.[3]) Durch die Abtretung der beschuldigten Militärperson an das bürgerliche Gericht kann jedoch beiden Theilen die Ausübung dieses Rechts im

---

stimmungen des Württ. und Bayr. Rechts, welche für den §. 4 cit. vorbildlich waren (vgl. Komm.Ber. S. 12) in dem oben vertretenen extensiven Sinn interpretirt wurden.

[1]) Unter Civil- und Militärpersonen werden im Folgenden der Kürze halber stets die der Civil- bezw. Militärgerichtsbarkeit unterstellten Personen verstanden.

[2]) Vgl. R.G.E. 2, 87; H. Meyer, Lehrbuch, 4. Aufl. S. 581 A. 8, a. M. Olshausen, Note 1 zu §. 198 St.G.B.

[3]) A. M. Olshausen, Note 4a und b zu §. 198 St.G.B. — Dagegen ist allerdings Aufrechnung gemäß §§. 199, 238 St.G.B. auch bei getrennter Aburtheilung der wechselseitigen Vergehen durch Militär- und Civilgericht möglich (ebenso Olshausen, Note 7 und 8 zu §. 199 St.G.B.).

bürgerlichen Privatklageverfahren ermöglicht werden. Ebenso wird eine Nebenklage (§§. 435 ff. St.P.O.) gegen eine der Militärgerichtsbarkeit unterstehende Person erst durch Abtretung derselben möglich, da auch die Nebenklage der Militärstrafgerichtsordnung unbekannt ist, während der Anspruch auf Buße (§§. 188, 231 St.G.B.) auch im militärgerichtlichen Verfahren wird geltend gemacht werden können, wenn gleich eine prozessuale Form für die Geltendmachung in der Militärstrafgerichtsordnung nicht vorgesehen ist.

Erfolgt die Abtretung wegen Vorliegens einer wechselseitigen Beleidigung 2c., so ist sie außer dem zuständigen Civilgericht bezw. Staatsanwaltschaft von dem Gerichtsherrn gemäß §. 247 Militärstrafgerichtsordnung auch dem Verletzten mitzutheilen, welchem es dann überlassen bleibt, in dem etwa gegen ihn anhängigen Privatklageverfahren Widerklage gemäß §. 428 Strafprozeßordnung oder, wenn seitens der Staatsanwaltschaft öffentliche Klage erhoben, die Uebernahme auch der wechselseitig gegen ihn verübten Beleidigung 2c. durch die Staatsanwaltschaft unter Stellung des etwa erforderlichen Strafantrags herbeizuführen.[1])

2. Die Abtretung einer Militärperson aus einem der unter a und b genannten Gründen setzt stets die Befassung des bürgerlichen Gerichts, an welches die Abtretung erfolgt, mit einem Strafverfahren gegen die betheiligte Civilperson voraus, denn ohne solche würde der gesetzgeberische Grund der ganzen Bestimmung, nämlich die Ermöglichung gemeinsamer Untersuchung bezw. Aburtheilung zusammenhängender Strafsachen durch ein und dasselbe Gericht, wegfallen.[2])

Wird daher aus rechtlichen oder sonstigen Gründen ein Strafverfahren gegen die betheiligte Civilperson nicht anhängig, so ist die Abtretung der betheiligten Militärperson an das Civilgericht unzulässig bezw. wirkungslos.

Es wird hienach auch die Abtretung einer Militärperson wegen einer wechselseitig zwischen ihr und einer Civilperson vorgefallenen, nur auf Antrag verfolgbaren Beleidigung oder Körperverletzung nicht vor Stellung dieses Strafantrags beim Civilgericht bezw. (falls keine öffentliche Klage erhoben wird) nicht vor Erhebung der Privatklage seitens der abzutretenden Militärperson erfolgen können, da andernfalls die Voraussetzung für eine Befassung des bürgerlichen Gerichts mit der Sache und damit auch für die Abtretung fehlen würde.

Handelt es sich ferner auf der einen Seite um eine von

---

[1]) Sühneversuch gemäß §. 420 St.P.O. ist auch im Fall der Abtretung einer Militärperson nöthig.

[2]) In einem auf öffentliche Klage anhängigen Strafverfahren ist die Anbringung einer Widerklage unzulässig. R.G.E. 5, 183; Rechtspr. 5, 817; 7, 216.

Amtswegen zu verfolgende, auf der andern Seite um eine im Wege der Privatklage zu verfolgende Beleidigung oder Körperverletzung, so wird das bürgerliche Gericht nur dann zur Uebernahme der abgetretenen Strafsache verpflichtet sein, wenn entweder die Staatsanwaltschaft die Verfolgung auch der zuletzt genannten Strafsache übernimmt oder, wenn auch ohne solche Uebernahme durch die Staatsanwaltschaft gemäß § 75 Z. 4, 5 Gerichtsverfassungsgesetzes die Ueberweisung der auf öffentliche Klage anhängigen Strafsache zur Verhandlung und Entscheidung an das mit der Privatklagesache befaßte Schöffengericht erfolgt, so daß wenigstens die Aburtheilung beider Sachen durch ein und dasselbe Gericht stattfinden muß, wenn auch nicht eine Verbindung derselben gemäß §. 236 Strafprozeßordnung erfolgen sollte.

Ist dagegen für die wechselseitigen Beleidigungen 2c. gar nicht derselbe örtliche Gerichtsstand begründet (etwa weil sowohl der Wohnsitz beider Thäter als der Ort der Verübung der beiderseitigen Vergehen in verschiedenen Gerichtsbezirken liegt), so erscheint die Abtretung der beschuldigten Militärperson an das Civilgericht überhaupt ausgeschlossen, da in solchem Fall nicht einmal die Möglichkeit gemeinsamer Untersuchung und Aburtheilung beider Beschuldigter vorliegt, sofern auch im Fall der Abtretung der Militärperson eine Verbindung beider Strafsachen bei dem einen der beiden örtlich zuständigen Civilgerichte gemäß §§. 4, 13 Strafprozeßordnung unzuläßig wäre, weil es sich in solchen Fällen nicht wie in dem zu a oben genannten Fall um einen Zusammenhang im Sinn des §. 3 Strafprozeßordnung handelt, der §. 236 Strafprozeßordnung aber nur eine Verbindung von Strafsachen, welche einzeln vor dasselbe Gericht gehören, im Auge hat.[1])

Auch nach rechtskräftiger Aburtheilung der betheiligten Civilpersonen durch das Civilgericht bezw. nach sonstiger Erledigung

---

[1]) Daß der §. 4 M.St.G.O. hinsichtlich der abzutretenden Militärperson einen neuen örtlichen Gerichtsstand auf Grund eines Zusammenhangs anderer Art als des in §. 8 St.P.O. vorausgesetzten bei einem an sich örtlich gar nicht zuständigen Civilgericht hätte schaffen wollen, kann nicht wohl angenommen werden; vielmehr setzt er, wie anzunehmen, die örtliche Zuständigkeit des bürgerlichen Gerichts gegen die abzutretende Militärperson voraus, wie überhaupt in den Fällen, wo die Civilgerichte gegen eine Militärperson zuständig sind, ihre örtliche Zuständigkeit sich nach den Vorschriften der bürgerlichen St.P.O. (§§. 7 ff.) richtet (vergl. v. Marck, II S. 78 A. 5). Fällt aber der örtliche Gerichtsstand der abgetretenen Militärperson nicht mit dem Gerichtsstand der wechselseitig betheiligten Civilperson zusammen, so kann der von §. 4 M.St.G.O. beabsichtigte Zweck gemeinsamer Untersuchung und Aburtheilung nicht erreicht werden und erscheint daher die Abtretung unzulässig. — Es ist jedoch hierbei zu beachten, daß bei Uebersendung beleidigender Schriftstücke von einem Ort an den andern ein örtlicher Gerichtsstand sowohl am Aufgabe- als am Bestimmungsort begründet ist (R.G.E. 10, 420; 18, 387), so daß in solchen Fällen bei wechselseitiger Beleidigung meist am Wohnort des einen Beleidigten ein gemeinsamer Gerichtsstand begründet sein wird. — Bei

des civilgerichtlichen Verfahrens wird die Abtretung der betheiligten Militärperson aus dem oben genannten Grund nicht mehr als zulässig, mindestens aber eine Uebernahmepflicht der bürgerlichen Gerichtsbehörden nicht mehr als vorliegend zu erachten sein.

3. In beiden unter 1a und b genannten Fällen ist weitere Voraussetzung der Ueberlassung an das bürgerliche Gericht, daß es sich auf Seiten der abzutretenden Militärperson nicht um ein militärisches Verbrechen oder Vergehen handelt.[1])

Es sind also alle diejenigen Fälle ausgeschlossen, in denen Civilpersonen sich an einem militärischen Delikt betheiligt haben, oder in denen die Betheiligung der Civilpersonen zwar unter die allgemeinen Strafgesetze fällt, diejenige der Militärperson aber ein militärisch qualifizirtes Delikt enthält, wenn auch nur in Idealkonkurrenz mit einem bürgerlichen Delikt.

Auch bei realem Zusammentreffen eines militärischen Delikts mit dem an sich abtretbaren gemeinstrafrechtlichen Delikt erscheint die Abtretung des letzteren an das bürgerliche Gericht kaum zulässig, nach dem mehrfach erwähnten die Militärstrafgerichtsordnung beherrschenden Grundsatz, daß beim Zusammentreffen eines militärischen und eines bürgerlichen Delikts das erstere stets das letztere hinsichtlich des Gerichtsstandes nach sich zieht,[2]) wogegen bei realer Konkurrenz eines in Alleinthäterschaft verübten, also an sich nicht abtretbaren gemeinen Delikts und eines solchen, bei dem die Voraussetzungen der Abtretung zutreffen, die Ueberlassung beider Delikte an das bürgerliche Gericht zulässig sein dürfte.

4. Beim Zutreffen der unter 1—3 genannten Voraussetzungen ist die Abtretung einer unter Militärgerichtsbarkeit stehenden Person möglich, gleichviel aus welchem Grund für den einen Betheiligten die Militärgerichtsbarkeit, für den andern die Civilgerichtsbarkeit begründet ist, also insbesondere auch:

a) wenn es sich um ein von einer Militärperson vor ihrem Diensteintritt verübtes bürgerliches Delikt handelt, sofern nicht schon gemäß §. 7 Militärstrafgerichtsordnung durch Entlassung des Thäters die bürgerliche Gerichtsbarkeit begründet ist (vergl. S. 26 ff.);

---

einer Betheiligung der unter a oben genannten Art dagegen ist auch bei verschiedenem örtlichen oder sachlichen Gerichtsstand der betheiligten Civil- und Militärpersonen stets eine Verbindung gemäß §§. 2, 4, 13 St.P.O. möglich und kann daher keines der beiden örtlich zuständigen Gerichte (bezw. bei verschiedener sachlicher Zuständigkeit nicht das mit der höheren Zuständigkeit ausgestattete Gericht) die Abtretung ablehnen.

[1]) Vgl. über den Begriff des militärischen Delikts oben S. 37 ff.

[2]) Daß dieser Grundsatz im §. 4 M.St.G.O. nicht ebenso wie in den §§. 2 Abs. 3, 9 Abs. 2, 10 Abs. 2 M.St.G.O. ausdrücklich hervorgehoben ist, erklärt sich lediglich aus der oben erwähnten Entstehungsgeschichte des §. 4, läßt also keinen Schluß gegen die oben vertretene Ansicht zu. A. M. Weigel, Note 5 zu §. 4.

b) wenn die außer der abzutretenden Militärperson mitbetheiligte Civilperson zwar dem Beurlaubtenstand angehört oder sogar zur Dienstleistung zum aktiven Heer einberufen, aber gemäß §. 9 Militärstrafgerichtsordnung der bürgerlichen Gerichtsbarkeit unterworfen ist, weil sie die That entweder vor der Einberufung verübt hat oder aber gemäß §. 9 Abs. 2 Militärstrafgerichtsordnung ihrerseits dem bürgerlichen Gericht abgetreten wird (vgl. unter II. unten);

c) wenn an einem der gemäß §. 5 Z. 2 Militärstrafgerichtsordnung unter den beschränkten Militärgerichtsstand fallenden Vergehen eines Offiziers 2c. des Beurlaubtenstandes (Zweikampf 2c.) oder an einem gemäß §. 11 Militärstrafgerichtsordnung (vgl. S. 45 ff.) zur ausnahmsweisen militärgerichtlichen Zuständigkeit gehörigen Vergehen eines früheren Angehörigen des aktiven Heeres eine andere Civilperson betheiligt ist, bei welcher die Voraussetzungen der genannten außerordentlichen Militärgerichtsstände nicht zutreffen (z. B. eine Person, die nie dem aktiven Heer angehört hat);

d) wenn an demselben nichtmilitärischen Delikt zwei aktive Militärpersonen betheiligt sind, von denen aber die eine vor Erhebung der Anklage bezw. Zustellung einer Strafverfügung zur Entlassung kommt und damit gemäß §. 10 Abs. 2 Militärstrafgerichtsordnung unter die Civilstrafgerichtsbarkeit tritt (vgl. S. 33).

II. Der zweite Fall, in dem die Ueberlassung der Untersuchung und Aburtheilung an das Civilgericht möglich ist, bezieht sich auf die zum Dienst einberufenen Personen des Beurlaubtenstandes oder die diesen gleichgestellten Personen, welche während der Dienstleistung sich einer Zuwiderhandlung gegen die allgemeinen Strafgesetze schuldig machen, ohne daß damit ein militärisches Delikt ideal oder real zusammentrifft (§. 9 Abs. 2 Militärstrafgerichtsordnung). Und zwar ist die Abtretung noch während der Dauer der Dienstleistung zulässig, ohne daß damit nothwendig die Entlassung des Abgetretenen aus dem aktiven Dienst verbunden wäre.[1])

Die Beschränkungen, welche nach dem oben S. 32 Gesagten hinsichtlich der von Personen des Beurlaubtenstandes vor ihrer Einberufung zum Dienst verübten Straftaten für die Fortführung der civilgerichtlichen Untersuchung während der Dauer der Einberufung gelten (§ 9 Abs. 1 M.St.G.O.), finden hier keine Anwendung, wie aus dem Wortlaut des §. 9 Abs. 2 Militärstrafgerichtsordnung hervorgeht.

---

[1]) Nur, wenn Verhaftung erfolgt, ist die Entlassung herbeizuführen, vgl. die landesgesetzl. Ausf.Best. zu §. 9 M.St.G.O.

3. Wirkung der Abtretung an das bürgerliche Gericht.

Die Wirkung der Abtretung besteht in allen genannten Fällen darin, daß sämmtliche prozessualen Befugnisse hinsichtlich der abgetretenen Militärperson für die betreffende Strafsache an das bürgerliche Gericht übergehe, z. B. auch das Recht zur Erlassung eines Haftbefehls,[1]) und daß für die Untersuchung und Entscheidung der Sache lediglich die Vorschriften der bürgerlichen Strafprozeßordnung maßgebend werden. Ladungen des auf freiem Fuße befindlichen Beschuldigten erfolgen nach Analogie des §. 48 Strafprozeßordnung mittels Ersuchens der Militärbehörde, Zustellungen für Unteroffiziere und Gemeine erfolgen gemäß §. 172 Civilprozeßordnung. Einer Bestätigungsorder (§. 416 Militärstrafgerichtsordnung) bedarf das Urtheil nicht.

4. Einfluß des nachträglichen Wegfalls der Voraussetzungen der Abtretung.

Dadurch, daß aus besonderen Gründen eine gemeinsame Aburtheilung der betheiligten Civil- und Militärpersonen in dem zu I. oben genannten Fall nicht erfolgen kann, wird die Fortdauer der civilgerichtlichen Zuständigkeit an sich nicht berührt; dagegen ist fraglich, inwieweit dies der Fall ist bei späterem Wegfall der gesetzlichen Voraussetzungen der Abtretung?

Diese Frage war schon bei den entsprechenden Bestimmungen des bisherigen württembergischen und bayrischen Rechts, welche den bezüglichen Bestimmungen der Militärstrafgerichtsordnung zu Grunde liegen, kontrovers.[2])

Es wird zu unterscheiden sein:

I. In den Fällen, wo lediglich die Betheiligung der gemäß §. 4 Militärstrafgerichtsordnung mitbeschuldigten Civilperson am Strafverfahren nachträglich wegfällt, sei es durch Tod, Verfall in Geisteskrankheit, Flüchtigwerden, sei es in Folge Zutreffens eines Strafausschließungsgrundes (Verjährung, Niederschlagung des Verfahrens, Straffreierklärung gemäß §§. 199, 233 Strafgesetzbuchs u. a.), bleibt die Abtretung der betheiligten Militärperson fortbestehen, denn durch diese Umstände wird das vom Gesetz zur Vorbedingung der Abtretung gemachte Vorhandensein einer strafbaren Betheiligung von Civil- und Militärpersonen an derselben That in keiner Weise berührt.

II. Stellt sich dagegen im Lauf des civilgerichtlichen Verfahrens heraus, daß die vom Gesetz als Voraussetzung der Abtretung

---

[1]) Jedoch bleibt es in das Ermessen des Civilgerichts gestellt, ob es den Verhafteten im Militärarrest belassen oder seine Ablieferung in das bürgerliche Untersuchungsgefängniß verlangen will. So das Württ. Just.Min. in einer Note an das Württ. K.Min. vom 22. Mai 1872.

[2]) Vgl. S. 51 Anm. 2. Württ. Oberkriegsgericht vom 6. Oktober 1858.

geforderten Thatsachen niemals, auch zur Zeit der Abtretung nicht, objektiv vorhanden waren, also daß die im Fall I. oben erforderte strafbare Betheiligung von Civil- und Militärpersonen an ein und derselben Strafthat bezw. die wechselseitige Verübung von Beleidigungen oder Körperverletzungen zwischen solchen Personen in Wirklichkeit gar nicht vorliegt, oder aber, daß es sich auf Seiten der abgetretenen Militärperson nicht, wie anfänglich angenommen, lediglich um ein gemeines, sondern um ein militärisches Delikt handelt, so hat die Abtretung ihre gesetzliche Grundlage verloren und lebt daher die militärische gerichtliche Zuständigkeit ipso iure wieder auf.[1])

Eine Unterscheidung zwischen dem Fall, wo die Annahme des Zutreffens der gesetzlichen Bedingungen der Abtretung auf einem Rechtsirrthum beruhte, und dem Fall, wo diese Bedingungen, insbesondere diejenige der strafbaren Betheiligung einer Civilperson aus thatsächlichen Gründen oder in Folge des im Lauf des Verfahrens festgestellten Zutreffens eines Schuldausschließungsgrundes (Nothwehr, Unzurechnungsfähigkeit rc.) sich als nicht zutreffend erweisen,[2]) hat keine innere Begründung, da im zweitgenannten Fall ebensosehr wie im ersten eine gesetzliche Voraussetzung der Abtretung sich als objektiv nicht vorhanden herausstellt, man müßte dann etwa im Falle des §. 4 Militärstrafgerichtsordnung, nicht das objektive Vorliegen einer strafbaren Betheiligung, sondern schon das Vorhandensein eines bloßen Verdachts der Betheiligung von Civilpersonen bei Beginn des Verfahrens als genügende Grundlage für das Fortbestehen der Abtretung auch nach Beseitigung dieses Verdachts ansehen, wogegen jedoch der Wortlaut des §. 4 cit. spricht.[3]) Ueberdies wäre die genannte Unterscheidung auch praktisch kaum durchführbar, denn wenn z. B. gegen die mitbeschuldigte Civilperson das Verfahren auf Grund des §. 53 Strafgesetzbuchs eingestellt wird, oder wenn die ursprünglich angenommene Gemeinschaftlichkeit der Verübung nachträglich negirt wird, so wird dies häufig auf rechtlichen und thatsächlichen Gründen zugleich beruhen.

III. Das Gesagte gilt jedoch unbedingt nur, wenn eine der

---

[1]) Vgl. R.G.E. 18, 51 ff. (Rechtspr. 10, 478) mit Bezug auf die entsprechenden Bestimmungen des bisherigen Bayr. Rechts.

[2]) So Weigel, Note 1 zu §. 4 M.St.G.O.; anscheinend auch die oben cit. Entsch. des R.G.

[3]) Sofern der §. 4 cit. im Gegensatz zu §. 8 St.P.O. und zu den entsprechenden bisherigen Bayr. und Württ. Bestimmungen nicht sagt: „Sind ..... mehrere Personen der Betheiligung beschuldigt“ bezw. „treffen mehrere Beschuldigte .... zusammen“ sondern „Haben sich ..... mehrere Personen betheiligt.“

[4]) Hiedurch rechtfertigt sich auch der abweichende Beschl. des Württ. Oberkriegsgerichts vom 6. Oktober 1858, wonach auch im Fall der Einstellung des Verfahrens gegen die betheiligte Civilperson wegen mangelnder Beweise rc. die bürgerliche Zuständigkeit fortbestehen soll.

gesetzlichen Vorbedingungen der Abtretung vor der Hauptverhandlung wegfällt bezw. sich als nicht vorhanden herausstellt. Hat dagegen die Hauptverhandlung einmal begonnen, so kann die Abtretung nur noch dadurch hinfällig und damit der bürgerlichen Zuständigkeit die Grundlage entzogen werden, daß sich im Lauf der Hauptverhandlung das Vorliegen eines militärischen Verbrechens oder Vergehens auf Seite der abgetretenen Militärperson herausstellt, denn von der Aburtheilung eines militärischen Delikts sind die bürgerlichen Gerichte durch absolut verbietendes Gesetz ausgeschlossen[1]), und dies hat das Gericht nach §. 6 Strafprozeßordnung in jeder Lage des Verfahrens zu berücksichtigen, sich also hinsichtlich der mitangeklagten Militärperson in solchem Fall für unzuständig zu erklären.

Dagegen wird dadurch allein, daß bei gemeinsamer Hauptverhandlung gegen die betheiligte Civil- und Militärperson die erstere mangelnden Beweises für ihre strafbare Betheiligung freigesprochen oder gemäß §. 259 Abs. 2 Strafprozeßordnung das Verfahren gegen sie eingestellt wird, die Zuständigkeit des Civilgerichts zur gleichzeitigen Aburtheilung der Militärperson keineswegs ausgeschlossen, denn der in solchem Fall vom Gesetzgeber beabsichtigte Zweck gemeinsamer Untersuchung und Aburtheilung der Betheiligten ist auch bei Freisprechung der mitangeklagten Civilperson durchaus erreicht.[2])

Hat dagegen aus besonderen Gründen gegen die betheiligte Civilperson vorher eine getrennte Hauptverhandlung stattgefunden, und ist die Civilperson rechtskräftig freigesprochen oder die Gemeinschaftlichkeit der Verübung mit der mitbeschuldigten Militärperson negirt worden, so dürfte wieder das unter 2. oben Gesagte gelten und hienach die Abtretung ihre Rechtswirksamkeit verlieren.

III. Uebergangsbestimmungen.

Wie sich aus dem Bisherigen ergiebt, hat die Militärgerichtsbarkeit durch die neue Militärstrafgerichtsordnung gegenüber allen bisherigen Partikularprozeßgesetzen eine nicht unerhebliche Erweiterung sowohl in persönlicher als sachlicher Hinsicht erfahren.

Es mußte daher für diejenigen beim Inkrafttreten der Militärstrafgerichtsordnung anhängigen Strafsachen, für welche nach den bisherigen Prozeßgesetzen die bürgerlichen Gerichte zuständig waren, nach den Vorschriften der Militärstrafgerichtsordnung aber die Militärgerichte zuständig sein würden, Uebergangsbestimmung getroffen werden. Der §. 23 Einführungsgesetzes zur Militärstrafgerichtsordnung bestimmt denn auch, daß solche Strafsachen

---

[1]) Vgl. Begr. S. 46.

[2]) Ebenso Weissenbach S. 14 Anm. a.

nur dann an die Militärgerichte übergehen, wenn das Hauptverfahren noch nicht eröffnet ist.[1])

Für den umgekehrten Fall dagegen, daß nach bisherigem Landesrecht für eine Strafsache die Militärgerichtsbarkeit begründet war, während nach der Militärstrafgerichtsordnung die bürgerlichen Gerichte zuständig sind, enthält das Gesetz keine Bestimmung, obwohl auch solche Fälle denkbar sind.[2])

Es wird jedoch keinem Bedenken unterliegen, den oben genannten Grundsatz auch auf diesen Fall anzuwenden, wonach diese Strafsachen nur dann an die bürgerlichen Gerichte übergehen, wenn seitens des Gerichtsherrn noch nicht Anklage erhoben ist (§. 258 M.St.G.O.).

IV. Der Zuständigkeitsstreit.

Die Entscheidung eines Streits zwischen Civil- und Militärgerichten über die Zuständigkeit in einer Strafsache war bisher in Württemberg dem Strafsenat des Oberlandesgerichts, in Bayern einem aus Mitgliedern des Oberlandesgerichts München und Richtern des Militärobergerichtes zusammengesetzten Senat übertragen,[3]) während es in Preußen an einer gesetzlichen Regelung des Zuständigkeitsstreits fehlte.[4]) Ebenso fehlte es bisher allgemein an Bestimmungen darüber, wie ein Zuständigkeitsstreit zwischen einem bürgerlichen Gericht des einen und einem Militärgericht des andern selbständigen Kontingents zu entscheiden sei, was in der Praxis zu mancherlei Unzuträglichkeiten geführt hat.

Die Militärstrafgerichtsordnung hat, wie die Begründung (S. 185) hervorhebt, von der Schaffung eines besonderen Kompetenzkonfliktshofs lediglich für die hier in Frage kommenden Fälle abgesehen und sich damit begnügt, bis zur allgemeinen reichsgesetzlichen Regelung

[1]) War also z. B. gegen eine im Herbst 1900 zur Einstellung gelangende Militärperson schon vor 1. Oktober 1900 eine civilgerichtliche Untersuchung wegen eines vor dem Diensteintritt verübten Delikts anhängig, und war schon vor der Einstellung das Hauptverfahren eröffnet, so bleibt in Bayern und Württemberg unter allen Umständen das Civilgericht zuständig, während im Geltungsgebiet der Pr. M.St.G.O. gemäß §§. 9, 10 dieses Ges. in Verbindung mit der Deklaration vom 9. Juli 1859, wenn nicht das Urtheil schon verkündet war, die milit. Zuständigkeit begründet ist, vorausgesetzt, daß nicht die Entlassung erfolgt, weil eine mehr als 6wöchige Freiheitsstrafe zu erwarten ist. Ist gegen eine in das Bayr. oder Württ. Kontingent eingestellte Person in Preußen ein Strafverfahren anhängig oder umgekehrt, so ist das für das betr. Kontingent bisher in Geltung gewesene Mil.-Prozeßgesetz maßgebend (nicht das am Sitze des befaßten Civilgerichts bisher geltende Mil.-Prozeßgesetz).

[2]) Vgl. z. B. §§. 8 und 10 Abs. 2 M.St.G.O. mit den bisherigen Bayr. und Württ. Bestimmungen; ferner S. 16 Anm. 1 oben (betr. die Civilbeamten der Mil.-Verwaltung in Württemberg).

[3]) Vgl. Art. 3 des Württ. und Art. 11—14 des Bayr.Ausf.Ges. zur St.P.O.

[4]) Begr. S. 185; v. Marck II, S. 187.

der Kompetenzkonflikte provisorische Bestimmung zu treffen (§. 14 E.G. z. M.St.G.O.)[1]) und zwar dahin, daß

1. im Fall des positiven Zuständigkeitsstreits von den ergangenen Urtheilen dasjenige gilt, welches zuerst die Rechtskraft erlangt hat;

2. im Fall des negativen Zuständigkeitsstreits, sobald das eine der betheiligten Gerichte durch nicht mehr anfechtbare Entscheidung seine Unzuständigkeit ausgesprochen hat, weil die Sache zur Zuständigkeit der andern Gerichtsbarkeit gehöre, diese Entscheidung für die andere betheiligte Gerichtsbarkeit bindend ist.

Für die im Laufe des Verfahrens bis zur Rechtskraft des ersten Urtheils entstehenden Konflikte zwischen beiden Gerichtsbarkeiten giebt diese Bestimmung keine Lösung. Auch sonst giebt dieselbe zu manchen Fragen Anlaß:

Zu 1. betreffend den positiven Zuständigkeitsstreit:

a) Da nur ein (verurtheilendes oder freisprechendes) Urtheil, nicht auch ein die Einstellung oder Außerverfolgungsetzung aus rechtlichen oder thatsächlichen Gründen aussprechender Beschluß die Wirkung hat, den positiven Zuständigkeitsstreit zu entscheiden, so kann diejenige Gerichtsbarkeit, welche ihre Zuständigkeit gegen die andere behaupten will, genöthigt sein, auch in Fällen, wo sie an sich wegen mangelnden Beweises oder Thatbestandes die Einstellung des Verfahrens beschlossen haben würde, Anklage zu erheben bezw. das Hauptverfahren zu eröffnen und die Sache hiedurch zur Hauptverhandlung und zum (wenn auch freisprechenden) Urtheil zu bringen, denn der etwa gefaßte bloße Einstellungsbeschluß könnte sonst jederzeit durch ein entgegengesetztes Urtheil der andern Gerichtsbarkeit außer Wirkung gesetzt werden. Die Behauptung der Zuständigkeit kann aber ebensowohl zu Gunsten als zum Nachtheil des Angeklagten geboten sein.

b) Die gesetzlichen Voraussetzungen der Rechtskraft militärgerichtlicher Urtheile sind nach der Militärstrafgerichtsordnung im Frieden dieselben wie nach der Strafprozeßordnung bei civilstrafgerichtlichen Urtheilen.[2]) Die in §. 416 Militärstrafgerichtsordnung vorgeschriebene „Bestätigungsorder“ ist im ordentlichen Verfahren (d. h. im Frieden) nicht Voraussetzung der Rechtskraft des militärgerichtlichen Urtheils, setzt vielmehr ihrerseits die Rechtskraft voraus (vgl. §§. 383, 405, 458 M.St.G.O.);

---

[1]) Durch diese Bestimmung sind also die oben genannten landesgesetzlichen Bestimmungen über die Entscheidung des Zuständigkeitsstreits aufgehoben (vgl. §. 2 E.G. z. M.St.G.O.).

[2]) §§. 371, 383, 405 M.St.G.O., vgl. mit §§. 344, 357, 388 St.P.O.

anders dagegen im Felde,[1]) wo die Bestätigung an Stelle der Rechtsmittel tritt, also Voraussetzung der Rechtskraft ist (§. 420 M.St.G.O.).

c) Das zuerst rechtskräftig gewordene Urtheil gilt ohne Rücksicht darauf, ob es vor oder nach dem andern Urtheil ergangen ist. Das letztere kann vom Eintritt der Rechtskraft des ersteren an kraft Gesetzes nicht mehr rechtskräftig werden; einer Anfechtung durch ein Rechtsmittel bedarf es nicht. Auch die Entscheidung über die Kosten wird im bürgerlichen Verfahren hinfällig (analog dem Fall des §. 497 Abs. 2 St.P.O.).[2]) Die Kosten fallen alsdann der Staatskasse zur Last.

Das von der einen Seite ergangene rechtskräftige Urtheil ist (wenn dies auch der §. 14 E.G. nicht ausdrücklich sagt) auch dann maßgebend, wenn seitens der andern Gerichtsbarkeit ein Urtheil noch gar nicht ergangen ist; die letztere hat dann, sobald sie Kenntniß von dem rechtskräftigen Urtheil erhält, je nach dem Stand des Verfahrens durch Beschluß oder Urtheil (das Militärgericht stets durch Beschluß, vgl. §. 328 M.St.G.O.) sich für unzuständig zu erklären, denn mit dem Zeitpunkt der Rechtskraft des ersten Urtheils steht für den andern Theil seine eigene Unzuständigkeit gesetzlich fest.

d) Lautet das zuerst rechtskräftige Urtheil auf Einstellung des Verfahrens gemäß §§. 259, 429, 433 Strafprozeßordnung, 314 Militärstrafgerichtsordnung, so wird es die Wirkung, den Zuständigkeitsstreit zu entscheiden, in der Regel nicht haben können, es sei denn, daß es Rechtskraftwirkung im Sinne des ne bis in idem besitzen würde, wie z. B. das die Einstellung auf Grund eingetretener Verjährung aussprechende Urtheil.[3])

e) Die Frage, ob auch der amtsrichterliche Strafbefehl (§. 449 St.P.O.) und die ihm analoge Strafverfügung des Gerichtsherrn (§. 349 M.St.G.O.) die oben genannte Wirkung des rechtskräftigen Urtheils haben kann, wird zu bejahen sein, denn beide erlangen bei nicht rechtzeitigem Einspruch die Wirkung des rechtskräftigen Urtheils (§§. 450 St.P.O.; 353 M.St.G.O.). Jedoch kann die Rechtskraftwirkung beider genannten Strafverfügungen hinsichtlich der Festlegung des Gerichtsstands ebenso, wie dies hinsichtlich des Verbrauchs der Strafklage allgemein anerkannt ist, sich nur auf den im Strafbefehl 2c. unter Strafe gestellten Thatbestand erstrecken, nicht aber auf

---

1) Der Begriff „im Felde" ist in §. 5 E.G. z. M.St.G.O. näher definirt.

2) Das militärgerichtliche Verfahren kennt keine Verurtheilung in die Kosten (§. 469 M.St.G.O.).

3) Richtiger wird wohl in solchem Fall auf Freisprechung zu erkennen sein, vgl. R.G.Rechtspr. 4, 595; E. 12, 436. A. M. Begr. S. 144. Löwe, Note 4 zu §. 259 St.P.O.; Olshausen Note 8b zu §. 66 St.G.B.

andere in dem Strafbefehl 2c. nicht gewürdigte rechtliche Gesichtspunkte, die zu einer schwereren Bestrafung des Thäters führen,[1]) so daß z. B. eine Strafverfügung des Gerichtsherrn wegen Uebertretung im Sinn des §. 360 Z. 11 bezw. 367 Z. 8 Strafgesetzbuchs der späteren Verurtheilung wegen Vergehens im Sinn der §§. 223 ff., 230 Strafgesetzbuchs durch das seine Zuständigkeit in Anspruch nehmende bürgerliche Gericht nicht entgegensteht, wohl aber einer Bestrafung durch das Civilgericht bezw. eine Polizeibehörde wegen einer in derselben Handlung etwa gefundenen andern Uebertretung.[2])

f) Dagegen wird durch eine zuerst ergangene polizeiliche Strafverfügung, auch wenn sie nicht mehr anfechtbar geworden ist (§ 453 St.P.O.), die Zuständigkeit der militärgerichtlichen Stellen hinsichtlich derselben strafbaren Handlung nie ausgeschlossen, denn der §. 14 Einführungsgesetzes setzt die „Aburtheilung" durch ein Gericht voraus.[3]) Die polizeiliche Strafverfügung wird daher, sobald ein militärgerichtliches Urtheil oder eine gerichtsherrliche Strafverfügung in derselben Sache rechtskräftig geworden ist, ebenso von selbst unwirksam werden müssen, wie ein noch nicht rechtskräftig gewordenes civilgerichtliches Urtheil; erforderlichenfalls wird die vorgesetzte Verwaltungsbehörde um Untersagung des Vollzuges der Polizeistrafe bezw. falls dieser schon erfolgt ist, um Rückzahlung der etwaigen Geldstrafe anzurufen und diesem Ansuchen stattzugeben verpflichtet sein.[4]) Dagegen wird auch die vollstreckbar gewordene polizeiliche Strafverfügung durch einen vorher oder nachher

---

[1]) Hinsichtlich des Verbrauchs der Strafklage vgl. R.G.E. 4, 248; 14, 858; 15, 112; 28, 28.

[2]) Wollte man dem Strafbefehl 2c. diese Wirkung absprechen, so würde sich die Gefahr doppelter Bestrafung durch Strafbefehl bzw. Strafverfügung des Civil- und Militärgerichts ergeben.

[3]) Etwaige polizeistrafrechtliche Bestimmungen, welche (wie der Art. 10 Pr.Ges. vom 28. April 1888, Art. 24 Württ.Ges. vom 12. August 1879) einer vollstreckbar gewordenen polizeilichen Strafverfügung die Wirkung beilegen, daß wegen der nämlichen Handlung ein nochmaliges Strafverfahren nicht stattfinden darf, es sei denn, daß die Handlung keine Uebertretung, sondern ein Verbrechen oder Vergehen darstellt, stehen der oben vertretenen Auffassung nicht entgegen, denn solche Bestimmungen setzen die Zuständigkeit der bürgerlichen Behörde zum Erlaß der Strafverfügung voraus, können also nicht ein Militärgericht am Einschreiten hindern, wenn es seinerseits die Zuständigkeit für sich in Anspruch nimmt. (Anders in dem oben S. 25 Anm. 8 genannten Fall, wo die Polizeibehörde zum Erlaß der Strafverfügung an sich zuständig war.)

[4]) Ebenso in sonstigen Fällen, wo die Polizeibehörde bei Erlaß einer Strafverfügung die gesetzlichen Grenzen ihrer Strafgewalt überschritten hat, Löwe, Note 2e zu §. 458 St.P.O. Dasselbe gilt auch für den Fall, daß in einem nachträglich eingeleiteten civilgerichtlichen Verfahren die polizeilich als Uebertretung bestrafte Handlung sich als ein Verbrechen oder Vergehen herausstellt, R.G.Rechtspr. 7, 132, vgl. auch Pr.Ges. vom 28. April 1888 Art. 10.

seitens des Militärgerichts in derselben Sache ergangenen Einstellungsbeschluß nicht ungiltig.

Das nach Stellung des Antrages auf gerichtliche Entscheidung gegen eine polizeiliche Strafverfügung gemäß §. 458 Strafprozeßordnung ergangene civilgerichtliche Urtheil, wodurch lediglich auf Aufhebung der Strafverfügung erkannt wird, ist nicht als eine die Zuständigkeit festlegende „Aburtheilung" im Sinne des §. 14 Einführungsgesetz anzusehen.

Zu 2., betreffend den negativen Zuständigkeitsstreit.

Als nicht mehr anfechtbare Entscheidungen, wodurch die Unzuständigkeit des Civil- oder Militärgerichts ausgesprochen wird, kommen wohl nicht nur Entscheidungen erkennender Gerichte in Betracht, sondern auch in derselben Richtung ergehende Entscheidungen andrer an der Strafverfolgung betheiligter Gerichtsbehörden (so im bürgerlichen Verfahren der Staatsanwaltschaft, im Militärgerichtsverfahren des Gerichtsherrn), denn auch solche Entscheidungen können unter Umständen unanfechtbar werden und dann trifft auch auf sie der vom Gesetzgeber verfolgte Zweck zu, die Möglichkeit, daß eine Strafthat überhaupt ungesühnt bleiben könnte, wenn nach unanfechtbar gewordener Unzuständigkeitserklärung der einen Gerichtsbarkeit auch die andere Gerichtsbarkeit noch ihre Unzuständigkeit aussprechen dürfte, durch Bindung der letzteren an den Unzuständigkeitsausspruch der ersteren auszuschließen.

a) Im bürgerlichen Strafverfahren kommen hiernach als solche nicht mehr anfechtbare Entscheidungen in Betracht: in erster Linie das die Unzulässigkeit der Strafverfolgung durch die bürgerlichen Gerichte aussprechende rechtskräftige Urtheil (§. 259 Abs. 1 St.P.O.) bezw. in der Berufungs- und Revisionsinstanz das Urtheil, wodurch unter Aufhebung des erstinstanzlichen Urtheils die Sache an das zuständige Militärgericht verwiesen wird (§§. 369 Abs. 3, 395 St.P.O.)[1]), ferner der die Eröffnung der Voruntersuchung oder des Hauptverfahrens wegen Unzuständigkeit des bürgerlichen Gerichts ablehnende, durch sofortige Beschwerde anfechtbare Gerichtsbeschluß nach Ablauf der Beschwerdefrist bezw. Zurückweisung der erhobenen Beschwerde (§§. 178, 181, 202, 209 Abs. 2 St.P.O.).

Alle übrigen im Lauf des bürgerlichen Verfahrens die Unzuständigkeit des bürgerlichen Gerichts aussprechenden Gerichtsbeschlüsse können dagegen nur dann unanfechtbar werden, wenn die gegen solche Beschlüsse zulässige fristlose Beschwerde (§. 346 St.P.O.) vom Beschwerdegericht verworfen ist (§. 350 Abs. 2

[1]) Vgl. R.G.E. 18, 51 (auf S. 58).

St.P.O.), da sie andernfalls stets noch durch solche Beschwerde anfechtbar sind.[1])

Aus demselben Grund kommen auch Beschlüsse der Staatsanwaltschaft, wodurch sie wegen Unzuständigkeit des bürgerlichen Gerichts die Erhebung der öffentlichen Klage ablehnt oder die Einstellung des Verfahrens verfügt (§. 169 St.P.O.) nur dann als nicht mehr anfechtbare Entscheidungen im Sinne des §. 14 Einführungsgesetzes gelten, wenn der seitens des Verletzten auf Grund des §. 170 Strafprozeßordnung gestellte Antrag auf gerichtliche Entscheidung vom zuständigen Gericht gemäß §. 172 Strafprozeßordnung verworfen ist, oder wenn gegen den ablehnenden Beschluß der Staatsanwaltschaft die Beschwerde im Dienstaufsichtsweg bis zur höchsten vorgesetzten Instanz (Justizministerium) erfolglos durchgeführt und die Frist des §. 170 Strafprozeßordnung für den Antrag auf gerichtliche Entscheidung abgelaufen ist. In allen übrigen Fällen ist der ablehnende bezw. Einstellungsbeschluß immer noch entweder durch Antrag des Verletzten auf gerichtliche Entscheidung oder aber durch die fristlose Beschwerde im Dienstaufsichtsweg anfechtbar[2]) und zwar letzterenfalls nicht nur seitens des Verletzten, sondern auch seitens der ihre Zuständigkeit negirenden Militärgerichtsbehörde.

b) Im militärgerichtlichen Verfahren gehören hierher:

Der durch Rechtsbeschwerde anfechtbare Beschluß (nicht Urtheil), wodurch das erkennende Gericht erster Instanz gemäß §. 328 Militärstrafgerichtsordnung seine Unzuständigkeit ausspricht, nach Eintritt der Rechtskraft, ferner das rechtskräftige Urtheil, wodurch das Berufungsgericht gemäß §. 395 Abs. 3 Militärstrafgerichtsordnung unter Aufhebung des erstinstanzlichen Urtheils wegen Unzuständigkeit der Militärgerichte die Sache der zuständigen Stelle überweist, sowie das Urtheil, wodurch das Revisionsgericht gemäß §§. 400 Z. 4, 412 Abs. 2 Militärstrafgerichtsordnung die Sache an das Berufungsgericht wegen Unzuständigkeit desselben zurückverweist.[3])

Hinsichtlich der das gerichtliche Einschreiten wegen Unzuständigkeit des Militärgerichts ablehnenden oder aus demselben Grunde die Einstellung der Untersuchung aussprechenden Beschlüsse des Gerichtsherrn (§§. 156 Abs. 3, 245, 247 Abs. 1 M.St.G.O.) gilt das oben für die entsprechenden Be-

---

[1]) Löwe, Note 4a zu §. 7 E.G. z. G.V.G. und Note 5 zu §§. 16—18 St.P.O.

[2]) Löwe, Note 2a zu §. 170 St.P.O.

[3]) Die Bestimmung des §. 895 St.P.O. ist in die M.St.G.O. nicht aufgenommen, eine direkte Verweisung an das zuständige Gericht in diesem Fall nach der M.St.G.O. also ausgeschlossen (vgl. Komm.Ber. zu §. 896 Entw. S. 118).

schlüsse der Staatsanwaltschaft Gesagte, denn auch die genannten Beschlüsse des Gerichtsherrn können nur dann unanfechtbar werden, wenn entweder die im §. 247 Abs. 2 Militärstrafgerichtsordnung genannten Fristen für die dem Verletzten zustehende Rechtsbeschwerde an den höheren Gerichtsherrn und den Antrag auf gerichtliche Entscheidung gegen dessen ablehnenden Bescheid verstrichen sind und außerdem die (fristlose) Beschwerde im Dienstaufsichtsweg, welche, wie aus §. 24 Militärstrafgerichtsordnung[1]) zu folgern sein dürfte, neben der in §. 247 cit. zugelassenen Rechtsbeschwerde (und zwar nicht nur für den Verletzten) zulässig sein muß, erfolglos bis zum höchsten Gerichtsherrn (dem kommandirenden General) durchgeführt ist,[2]) oder wenn der oben genannte Antrag auf gerichtliche Entscheidung vom Reichsmilitärgericht gemäß §. 249 Militärstrafgerichtsordnung wegen Unzuständigkeit der Militärgerichte verworfen ist.

Sind sowohl seitens des bürgerlichen als seitens des Militärgerichts solche die Unzuständigkeit aussprechenden Entscheidungen ergangen, so ist diejenige maßgebend, welche zuerst unanfechtbar geworden ist, während die andere von selbst kraft Gesetzes unwirksam wird.

V. Zuständigkeit hinsichtlich der Strafvollstreckung.

Regel ist, daß die Strafvollstreckung derjenigen Gerichtsbarkeit obliegt, welche das Urtheil bezw. die sonstige Strafverfügung erlassen hat.

Diese Regel erleidet jedoch Ausnahmen, sofern die Strafvollstreckung unter gewissen Voraussetzungen kraft gesetzlicher Bestimmung von den bürgerlichen auf die Militärbehörden übergehen kann und umgekehrt.

1. Uebergang der Strafvollstreckung auf die Militärbehörden.

I. Freiheitsstrafen.

1. Nach §§. 15 Abs. 1, 45 Militärstrafgesetzbuchs sind alle gegen eine Person des Soldatenstandes oder einen Militärbeamten vor oder nach ihrem Eintritt in den aktiven Dienst rechtskräftig

---

[1]) Nach §. 24 M.St.G.O. ist der höhere Gerichtsherr befugt, den ihm untergebenen Gerichtsherrn anzuweisen, eine Untersuchung einzuleiten oder fortzusetzen sowie ein Rechtsmittel einzulegen oder zurückzunehmen.

[2]) Denn andernfalls besteht immer noch die Möglichkeit, daß der höhere Gerichtsherr auf Anrufen des Verletzten bezw. des Civilgerichts gemäß §. 24 M.St.G.O. den niedern Gerichtsherrn zur Einleitung oder Fortsetzung der Untersuchung anweisen könnte. — Das Reichsmilitärgericht kann mit der Dienstaufsichtsbeschwerde nicht angerufen werden, da ihm keine Dienstaufsicht über die Gerichtsherrn zusteht; ebensowenig das Kriegsministerium, welchem zwar nach §. 112 M.St.G.O. die Aufsicht über die Ausübung der Militärstrafgerichtsbarkeit zusteht, nicht aber die Befugniß,

erkannten Freiheitsstrafen, also auch die von einem bürgerlichen Gericht bezw. sonstigen Behörden erkannten, von den Militärbehörden zu vollstrecken.[1]) Da der Eintritt in den Dienst nicht nur zum Zweck der Erfüllung der gesetzlichen Dienstpflicht, sondern auch aus anderen Gründen, z. B. bei Angehörigen des Beurlaubtenstandes in Folge Einberufung zur Dienstleistung erfolgen kann, so trifft der obige Grundsatz auch auf alle diese andern Fälle von Diensteintritt zu.[2])

Ausgenommen ist jedoch der Fall, wenn die Entlassung des Verurtheilten aus dem aktiven Dienst erfolgt, was nach §. 16 Z. 2 Heerordnung dann geschehen soll, wenn eine von dem Civilgericht vor dem Diensteintritt erkannte noch zu vollstreckende Freiheitsstrafe die Dauer von 6 Wochen übersteigt.[3])

Für die Strafvollstreckung durch die Militärbehörden ist lediglich der Inhalt des civilgerichtlichen Urtheils ꝛc. maßgebend.[4])

Auch die Ertheilung eines Strafaufschubs steht in solchen Fällen ausschließlich der bürgerlichen Strafvollstreckungsbehörde (Staatsanwaltschaft bezw. Amtsrichter) zu, denn die Militärbehörde

---

in die Leitung eines militärgerichtlichen Verfahrens einzugreifen (also auch nicht die Einleitung eines solchen Verfahrens anzuordnen), da dies mit der den Gerichtsherrn eingeräumten grundsätzlichen Stellung im Strafverfahren nicht vereinbar wäre (vgl. Begr. S. 101).

[1]) Den Grundsatz des §. 15 Abs. 1 M.St.G.B. bezieht zwar das Rundschr. d. Pr.Gen.Auf. vom 28. März 1878 nur auf solche Freiheitsstrafen, welche von Militärgerichten erkannt sind, ohne Rücksicht auf die Zeit der Verübung. Damit wäre jedoch die in §. 16 Abs. 2 H.O. (vgl. mit §. 12 Pr.M.St.G.O.) vorausgesetzte militärische Vollstreckung der von den Civilgerichten gegen Militärpersonen erkannten, 6 Wochen nicht übersteigenden Freiheitsstrafen ausgeschlossen. Gegen die genannte Einschränkung des §. 15 Abs. 1 cit. auch Solms Note 5 zu §. 15 (S. 28 f.), Koppmann Note 8 zu §. 15 (S. 72 f.), sowie die bisherige konstante Bayr. und Württ. Rechtsprechung. Vgl. auch für Bayern A.B.O. vom 18. Oktober 1872 (M.B.Bl. S. 875), und Erl. des Just.- und K.Min. vom 18. Oktober 1879 (M.B.Bl. S. 405). Für Württemberg Just.Min.Verf. vom 26. September 1879 §. 10 (Reg.Bl. S. 865 ff.) und zahlreiche Verf. d. K.Min. (Just.Abt.). Für die oben vertretene Auslegung des §. 15 Abs. 1 M.St.G.B. spricht ferner auch Begr. zur M.St.G.O. S. 69, 176.

[2]) Vgl. Koppmann, Note 8 zu §. 15 M.St.G.B. (S. 78). — Die M.St.G.O. enthält keine dem §. 18 Pr.M.St.G.O. entsprechende Bestimmung, wonach der Vollzug der vor dem Diensteintritt erkannten Freiheitsstrafen während der Dauer der Dienstleistung des Einberufenen kraft Gesetzes suspendirt wäre. Es wird daher in solchen Fällen Strafaufschub von den Civilgerichtsbehörden zu erwirken sein.

[3]) Unter welchen Voraussetzungen die Entlassung aus dem aktiven Dienst mit Rücksicht auf eine vor dem Diensteintritt oder auch gemäß §. 7 Z. 1 M.St.G.O. (oder weil aus einem andern Grund die bürgerliche Zuständigkeit begründet ist) nach dem Diensteintritt ergangene Verurtheilung einer Militärperson durch ein Civilgericht zu erfolgen habe, hat die M.St.G.O. (im Gegensatz zu §. 12 Pr.M.St.G.O.) nicht selbst bestimmt, vielmehr dem Verordnungsweg zu bestimmen überlassen (Begr. zu §. 485 Entw. S. 176). Hinsichtlich einer während der Dienstzeit ergehenden civilgerichtlichen Verurtheilung ist eine soche Bestimmung bis jetzt nicht ergangen (im Uebrigen vgl. §. 16 Abs. 2 H.O.).

[4]) Vgl. Begr. S. 176. Es bedarf also hier keiner „Bestätigungsorder" (§§. 416 ff. M.St.G.O.).

ist hier lediglich Vollzugsorgan ohne selbständige Cognition, nicht selbst Strafvollstreckungsbehörde.[1]) Es stehen demnach auch die bei der Strafvollstreckung nothwendigen gerichtlichen Entscheidungen (§§. 490—494 Strafprozeßordnung) nicht dem Militärgericht, sondern dem bürgerlichen Gericht 1. Instanz, welches die Strafe erkannt hat, zu. Die bezüglichen Bestimmungen der Militärstrafgerichtsordnung (§§. 455—457, 464) finden nur auf militärgerichtlich erkannte Strafen Anwendung.

2. Die Vollstreckung der von bürgerlichen Gerichten gegen Civilpersonen erkannten Festungshaft liegt in einzelnen Bundesstaaten den militärischen Festungsbehörden ob.[1a]) Für den Strafvollzug gelten dann die §§. 106—124 der Militärstrafvollstreckungsvorschrift. Strafvollstreckungsbehörde im Sinne der §§. 483, 490 Strafprozeßordnung bleibt jedoch die Civiljustizbehörde.

Die Kosten des Strafvollzugs fallen nicht der Militärverwaltung zur Last.

II. Geldstrafen.

Der Vollzug rechtskräftig erkannter Geldstrafen verbleibt in allen Fällen den bürgerlichen Behörden, von denen sie verhängt sind,[2]) denn der §. 462 Militärstrafgerichtsordnung betrifft nur die Vollstreckung militärgerichtlich erkannter Geldstrafen. Dagegen ist der Vollzug der für den Fall der Uneinbringlichkeit an die Stelle der Geldstrafe tretenden Freiheitsstrafe stets durch Ersuchen der Militärbehörde zu bewirken, wie §. 2 Militärstrafgerichtsordnung für

[1]) Es kann also auch nicht aus militärdienstlichen Gründen Strafaufschub seitens der Militärbehörden ohne Zustimmung der bürgerlichen Strafvollstreckungsbehörde verfügt werden. So auch Weigel, Note 2 zu §. 457 M.St.G.O. Für Bayern vgl. betreffend den Strafaufschub die Bekanntmachung des Just.Min. vom 11. Juli 1896 (V.Bl. S. 228); im Uebrigen Bayr. Just.Min.Bl. 1877 S. 182; 1884 S. 209; 1891 S. 81, 40; 1896 S. 58, 193, 226.

[1a]) So in Preußen, vgl. Just.Min.Verf. vom 28. April 1874 (J.M.Bl. S. 125) und 31. Januar 1878 (J.M.Bl. S. 28), vom 6. Dezember 1895 (J.M.Bl. S. 420); in Bayern vgl. A.B. vom 19. Oktober 1875 (J.M.Bl. S. 201); A.B. vom 18. März 1898 und Min.Bek. hiezu (Just.Min.Bl. S. 101c und Ges.Bl. S. 77).

[2]) Daraus, daß nach §. 28 M.St.B.B. alle im Bereich der Militärverwaltung aufkommenden Geldstrafen dem Reichsfonds als eigne Einnahme zufließen sollen, soweit nicht durch besondere Gesetze (z. B. preuß. Forstdiebstahlsgesetz §. 84; württ. Forststrafgesetz § 8; Personenstandsgesetz §. 70) ein andres bestimmt ist, kann nicht etwa das Gegentheil geschlossen werden, denn hier wird vorausgesetzt, daß der Vollzug der Geldstrafe den Militärbehörden zukommt. Es geht dies auch aus §. 2 Satz 2 M.St.G.O. hervor, welcher eine Ausnahme von der Regel festsetzt. Anders nach bisherigem preuß. Recht, das in §. 269 Abs. 1 Pr.M.St.G.O. die Vollstreckung der von den Civilbehörden wider Militärpersonen verhängten Geldstrafen den Militärgerichten zuwies. Die M.St.G.O. enthält keine analoge Bestimmung. Ueber das Verfahren im Fall der Zwangsvollstreckung gegen eine Militärperson s. Daube S. 111 ff.

die zur bürgerlichen Kompetenz gehörigen Geldstrafen in den dort genannten Uebertretungsfällen (vgl. S. 19 oben) ausdrücklich hervorhebt.

War die Festsetzung der an Stelle der Geldstrafe zu substituirenden Freiheitsstrafe von der zuständigen bürgerlichen Behörde unterlassen worden, so ist ihr die nachträgliche Festsetzung zu überlassen,[1]) mit Ausnahme des Einen Falls, wenn die Geldstrafe wegen Zuwiderhandlung gegen die Vorschriften über die Erhebung öffentlicher Abgaben und Gefälle durch Strafbescheid der Verwaltungsbehörde festgesetzt war (§§. 459 ff. Strafprozeßordnung), in welchem Fall die Umwandlung in eine Freiheitsstrafe stets durch den zuständigen Gerichtsherrn der höheren Gerichtsbarkeit nach Maßgabe des §. 463 Militärstrafgerichtsordnung zu erfolgen hat.[2])

2. Uebergang der Strafvollstreckung auf die Civilbehörden.

Die Vollstreckung der von den Militärgerichten bezw. -Behörden erkannten Strafen geht in folgenden Fällen auf die bürgerlichen Behörden über:

I. Todesstrafe.

Die im Frieden wegen eines nichtmilitärischen Verbrechens militärgerichtlich erkannte Todesstrafe ist seitens der bürgerlichen Behörden durch Enthauptung zu vollstrecken und zwar auf Grund einer mit der Bescheinigung der Rechtskraft versehenen beglaubigten Abschrift des Urtheils, welcher eine beglaubigte Abschrift der Bestätigungsorder beizufügen ist (§. 454 Militärstrafgerichtsordnung vgl. mit §. 13 Strafgesetzbuchs, 14 Militärstrafgesetzbuchs).

Für die Art und Weise des Vollzugs sind im Uebrigen die bürgerlichen Vorschriften maßgebend.[3])

---

[1]) Der §. 468 M.St.G.O., der diese nachträgliche Festsetzung einer Freiheitsstrafe dem höheren Gerichtsherrn zuweist, bezieht sich nur auf militärgerichtlich erkannte Geldstrafen. Dagegen bestimmte der §. 269 Abs. 2 Pr.M.St.G.O. ausdrücklich, daß die Umwandlung von Geldstrafen in Freiheitsstrafen durch die Militärgerichte zu erfolgen habe. — In gewissen Strafsachen findet eine Umwandlung erkannter Geldstrafen in Freiheitsstrafen überhaupt nicht statt, vgl. R.Ges. vom 11. Juni 1870 §. 24, vom 9., 10. und 11. Januar 1876 betr. Nachdruck und Nachbildung; §. 15 des Wechselstempel-Ges. vom 10. Juni 1869 und Pr.A.K.O. vom 24. Mai 1844 (G.S. S. 288). Börsensteuergesetz vom 1. Juli 1881 §. 25. Besondere Bestimmungen über die Umwandlung vgl. ferner noch in §§. 146 und 147 R.Gew.O.; Pr. Forstdiebstahls-Ges. §. 18; Württ. Forststraf-Ges. §§. 7 und 18 u. a.

[2]) Also nicht nach §. 468 der Bürg. St.P.O. Die hier gegen die Entscheidung zugelassene sofortige Beschwerde kennt der §. 468 M.St.G.O. nicht. Besondere Bestimmungen über die Umwandlung solcher Vermögensstrafen in §. 17 Salzsteuer-Ges. vom 12. Oktober 1867; §. 87 Braumalzsteuer-Ges. vom 4. Juli 1868; Branntweinsteuer-Ges. vom 8. Juli 1868; §. 162 Vereinszoll-Ges. vom 1. Juli 1869; §. 81 R.Post-Ges. vom 28. Oktober 1871; Pr.A.K.O. vom 18. Januar 1888 (G.S. S. 92) betr. die Umwandlung der Steuerstrafen; Pr. Ges. betr. die Gewerbesteuer vom 8. Juli 1876 §. 17.

[3]) Das Ersuchen um Vollstreckung ist an diejenige Staatsanwaltschaft zu richten, in deren Amtsbezirk der Verurtheilte sich befindet (§. 2 Z. 2 M.St.V.B.).

Dagegen wird die im Frieden wegen militärischen Verbrechens oder im Feld wegen irgend eines (militärischen oder nichtmilitärischen) Verbrechens erkannte Todesstrafe mittels Erschießens durch die Militärbehörde vollstreckt (§§. 14 Militärstrafgesetzbuchs; 453 Militärstrafgerichtsordnung).

II. Freiheitsstrafen.

1. Gemäß §§. 15 Abs. 3, 45 Militärstrafgesetzbuchs geht die Vollstreckung der gegen Personen des Soldatenstandes und Militärbeamte erkannten Freiheitsstrafen[1]) auf die bürgerlichen Behörden über, wenn auf Zuchthaus oder neben einer sonstigen Freiheitsstrafe auf Entfernung aus dem Heer oder (gegen Offiziere) auf Dienstentlassung bezw. (gegen Beamte) auf Amtsverlust erkannt ist, oder wenn das militärische Dienstverhältniß aus einem andern Grunde aufgelöst wird z. B. durch Erreichen der Altersgrenze (Ausscheiden aus dem Landsturm nach vollendetem 45. Lebensjahr). Bei aktiven Militärpersonen[1a]) wird jedoch als Auflösung des Dienstverhältnisses im Sinne des §. 15 Abs. 3 cit. nicht nur ein völliges Ausscheiden aus allen Militärverhältnissen zu erachten sein, sondern schon der Uebertritt aus dem aktiven Heer in den Beurlaubtenstand.[2]) Es folgt dies schon daraus, daß sowohl im Fall der Verurtheilung einer aktiven Militärperson zu mehr als sechswöchiger Freiheitsstrafe wegen eines vor dem Diensteintritt verübten Delikts als im Fall der eintretenden Feld- und Garnisondienstunfähigkeit eines militärgerichtlich Verurtheilten (ohne Aufhebung der Strafverbüßungsfähigkeit) je die Entlassung zur Disposition der Ersatzbehörden zu erfolgen hat, damit die Vollstreckung der Strafe an die bürgerlichen Behörden übergehen kann, obwohl der zur Disposition der Ersatzbehörden Entlassene nach §. 56 Z. 3 Reichsmilitärgesetzes noch dem Beurlaubtenstand angehört (vgl. §§. 15, 16 Heerordnung; §§. 5 Z. 3, 42, 43 Militärstrafvollstreckungsvorschrift.)[2a])

---

[1]) Bei Vollstreckung militärgerichtlich erkannter Arreststrafen durch die bürgerlichen Behörden sind die Art. 24—27 M.St.G.B. zur Anwendung zu bringen (vgl. Verf. des Württ. Just.- und K.Min. vom 17. Dezember 1879 §. 1 (Reg.Bl. S. 479). — Die Vollstreckung militärgerichtlich erkannter Geldstrafen verbleibt auch dann der Militärbehörde, wenn der Vollzug einer neben der Geldstrafe erkannten Freiheitsstrafe auf die Civilbehörden übergeht, wogegen der Vollzug der an Stelle der Geldstrafe substituirten Freiheitsstrafe ebenfalls mit auf die bürgerliche Behörde übergeht.

[1a]) Einschließlich der zum Dienst einberufenen Personen des Beurlaubtenstands.

[2]) M. a. W.: Unter Auflösung des Dienstverhältnisses ist ähnlich wie in §. 10 M.St.G.O. (vgl. S. 88 oben) die Auflösung desjenigen Dienstverhältnisses zu verstehen, wodurch jeweils die Militärgerichtsbarkeit begründet wird, also bei aktiven Militärpersonen das Verhältniß der Zugehörigkeit zum aktiven Heer, bei Personen des Beurlaubtenstandes das der Zugehörigkeit zum Beurlaubtenstand.

[2a]) Vgl. hierzu §. 12 der bisherigen Pr.M.St.G.O. — Ebenso die Praxis des bisherigen Württ. Militär-Revisionsgerichts, wenigstens in neuerer Zeit (vgl. insbesondere ein Urtheil vom 8. März 1887).

In der Regel wird jedoch der Uebertritt einer vor oder auch (gemäß §. 10 Militärstrafgerichtsordnung)[1]) nach Beendigung des Dienstverhältnisses militärgerichtlich zu Freiheitsstrafe verurtheilten aktiven Militärperson zum Beurlaubtenstand nicht vor Verbüßung der erkannten Strafe erfolgen und daher die Strafvollstreckung der Militärbehörde auch nach Beendigung des Dienstverhältnisses verbleiben.[2])

Ebenso verbleibt die Vollstreckung der gegen Personen des Beurlaubtenstandes während des Urlaubs erkannten militärgerichtlichen Strafen den Militärbehörden, es sei denn, daß der Verurtheilte die militärische Altersgrenze erreicht hat oder daß er in Folge Verurtheilung zu Zuchthaus, Entfernung aus dem Heer, Dienstentlassung, Verabschiedung, oder aus anderem Grunde[3]) aus dem Beurlaubtenstand ausscheidet.

2. Auch bei militärgerichtlicher Verurtheilung der nach §. 1 Z. 2 und 8, §. 5 Z. 2 und 4, §. 11 Militärstrafgerichtsordnung der vollen oder beschränkten Militärgerichtsbarkeit unterstellten Personen wird hiernach die Strafvollstreckung dann auf die bürgerlichen Behörden übergehen, wenn der Verurtheilte vor oder während der Strafverbüßung aus einem der oben genannten Gründe aus allen Militärverhältnissen ausscheidet oder, wenn er, wie dies in den Fällen der §. 1 Z. 8, §. 5 Z. 4 und §. 11 Militärstrafgerichtsordnung (vgl. S. 17, 43, 45 oben) möglich ist, überhaupt nie bezw. zur Zeit der Verübung nicht mehr zum deutschen Militärverband gehört hat.[4]) Als Zugehörigkeit zum Militärverband, welche die Zuständigkeit der

---

1) Vgl. S. 88 ff. oben.

2) Anders, wenn eine Militärperson versehentlich vor Verbüßung einer ihr während der Dienstzeit zuerkannten Strafe in den Beurlaubtenstand übergetreten ist. — Eine Zurückbehaltung des zu Strafe Verurtheilten beim aktiven Dienststand über den allgemeinen Entlassungstermin hinaus zum Zweck der Strafvollstreckung muß ebenso zulässig sein, wie eine Zurückbehaltung behufs Fortführung der gerichtlichen Untersuchung im Fall des §. 10 Abs. 1 M.St.G.O. oder eine Einberufung aus dem Beurlaubtenstand zu Zwecken militärgerichtlicher Untersuchung.

3) Z. B. wenn ein militärgerichtlich verurtheilter ausgehobener Rekrut vor seiner Einstellung wegen einer ihm in Aussicht stehenden oder schon erfolgten civilgerichtlichen Verurtheilung zu einer der in §. 80, 1 W.O. genannten Strafen gemäß §. 81 Z. 8 W.O. wieder aus dem Beurlaubtenstand ausscheidet.

4) Obwohl im letztgenannten Fall die §§. 15, 45 M.St.G.B. ihrem Wortlaut nach nicht zutreffen, da sie nur von Personen des Soldatenstandes bezw. Militärbeamten und von Auflösung des militärischen Dienstverhältnisses sprechen, so dürfte doch aus den Motiven zu §. 15 M.St.G.B. und den Kommissionsverhandlungen (vgl. Koppmann S. 71 ff.), die Ausdehnung des in §. 15 Abs. 8 cit. ausgesprochnen Grundsatzes auf die oben genannten Fälle sich ergeben. Andernfalls würde sich die eigenthümliche Konsequenz herausstellen, daß im Fall des ausnahmsweisen Militärgerichtsstandes des §. 11 M.St.G.O. (vgl. S. 45 oben) dann, wenn der Thäter zwar zur Zeit der Verübung noch zum Beurlaubtenstande gehörte, vor der Strafverbüßung aber aus demselben ausgeschieden ist (z. B. durch definitive Dienstunbrauchbarkeitserklärung u. dergl.), die Strafvollstreckung gemäß §. 15 Abs. 8 M.St.G.B. an die bürgerlichen Behörden überginge, wenn jedoch der Thäter

Militärbehörden zur Strafvollstreckung begründet, wird jedoch schon das in den §§. 155—157 Militärstrafgesetzbuchs genannte Verhältniß zum kriegführenden Heer sowie die Kriegsgefangenschaft von Ausländern (§§. 158, 159 M.St.G.B.) anzusehen sein.[1])

3. Geht die Vollstreckung einer Freiheitsstrafe gegen eine aktive Militärperson nach den angeführten Bestimmungen auf die bürgerlichen Behörden über, so erfolgt die Strafvollstreckung durch die Behörden des Heimathstaates, wenn entweder die strafbare Handlung außerhalb des Bundesgebietes verübt ist oder der Verurtheilte sich im Gebiet des Heimathstaates aufhält, in andern Fällen durch die Behörden des Bundesstaates, in dessen Gebiet die strafbare Handlung verübt ist (§. 15 E.G. z. M.St.G.O.).[2])

4. Bei Festsetzung mehrerer Einzelstrafen von Gerichten verschiedener Bundesstaaten ist nach dem Bundesrathsbeschluß vom 11. Juni 1885[3]) die Vollstreckung der Gesammtstrafe von demjenigen Bundesstaat zu bewirken, dessen Gericht dieselbe, sei es in der regelmäßigen Form, sei es in Form einer Zusatzstrafe, festgesetzt hat. Auf Ersuchen der zuständigen Behörde dieses Bundesstaates ist jedoch die Vollstreckung von demjenigen Bundesstaat zu übernehmen, welcher nach dem Betrag der von seinen Gerichten erkannten Einzelstrafen an der Gesammtstrafe am höchsten betheiligt ist. Bei Berechnung des Gesammtbetrages der Einzelstrafen sind der Art nach verschiedene Strafen nach ihrem gesetzlichen Geltungsverhältniß in Anschlag zu bringen.[4]) Eine Erstattung der Kosten findet nicht statt. Unberührt durch diesen Bundesrathsbeschluß bleibt jedoch die durch den §. 163 Reichsgerichtsverfassungsgesetzes für den Bundesstaat, in dem sich der Verurtheilte befindet, sowie wohl auch die durch den oben genannten §. 15 Einführungsgesetzes zur Militärstrafgerichtsordnung für den Heimathstaat bezw. den Staat, in dem das Delikt verübt ist, begründete Verpflichtung zur Uebernahme der Strafvollstreckung.

---

schon vor der Verübung aus dem Militärverband gänzlich ausgeschieden war, die Strafvollstreckung den Militärbehörden verbleiben würde.

[1]) So hinsichtlich der §§. 155, 156 M.St.G.B. Koppmann S. 589 Note 6; Solms S. 171 (Note 8 zu §. 156 cit.).

[2]) Diese Bestimmung, welche dem Bundesrathsbeschluß vom 19. Februar 1875 entspricht, wird unbedenklich auch auf die Fälle auszudehnen sein, wo die Vollstreckung einer militärgerichtlich erkannten Freiheitsstrafe gegen eine nicht zu den aktiven Militärpersonen gehörenden, gleichwohl der Militärgerichtsbarkeit unterstellte Person nach dem oben Gesagten auf die bürgerlichen Behörden übergeht; denn eine Beschränkung auf aktive Militärpersonen hätte lediglich keinen inneren Grund.

[3]) Vgl. R.Centralblatt von 1885 S. 270.

[4]) Der mittlere und strenge Arrest ist hiebei dem Gefängniß, der gelinde Arrest der Festungshaft gleichzuachten. So die Praxis des preuß. und bayr. Gen. Aud. und der Just.Abt. des württ. K.Min.; auch Koppmann S. 207; a. M. Solms S. 71 Note 5, der auch den gelinden Arrest dem Gefängniß gleichstellt.

Jedoch hat der hienach eine Gesammtstrafe vollstreckende Staat Anspruch auf Ersatz der baaren Auslagen gegen denjenigen Staat, der nach den Grundsätzen des Bundesrathsbeschlusses die Vollstreckung zu übernehmen hätte.[1])

5. Sind die mehreren Einzelstrafen von Civil- und Militärgerichten desselben Bundesstaates festgesetzt, ohne daß die Vollstreckung der militärgerichtlich erkannten Strafe nach den oben genannten Bestimmungen auf die Civilbehörde übergeht oder umgekehrt die der civilgerichtlichen Strafe auf die Militärbehörden, so ist eine gesetzliche Bestimmung darüber, wem die Vollstreckung der gemäß §. 79 Strafgesetzbuchs oder §§. 492 Strafprozeßordnung, 461 Militärstrafgerichtsordnung festgesetzten Gesammtstrafe in solchen Fällen zukommt, nicht gegeben.[2]) Es wird jedoch der analogen Anwendung des in dem genannten Bundesrathsbeschluß zum Ausdruck gekommenen Grundsatzes auf diesen Fall kein gerechtfertigtes Bedenken entgegenstehen, da eine einheitliche Vollstreckung der Gesammtstrafe auch in solchen Fällen wünschenswerth erscheint.[3])

6. Das Verfahren bei Ueberweisung eines militärgerichtlich

---

[1]) Da der cit. Bundesrathsbeschluß an der gesetzlichen Zuständigkeit der Behörden für die Strafvollstreckung nichts ändert, sondern nur über die thatsächliche Kostenlast des Strafvollzugs Bestimmung trifft (vgl. Löwe S. 144 f.), so muß auch die gesetzliche Bestimmung des §. 15 E.G. zum M.St.G.O. durch ihn unberührt bleiben. Ist daher z. B. die niederere Einzelstrafe von einem sächsischen oder bayrischen Civilgericht, die höhere von einem preuß. Militärgerichte erkannt, und geht die Vollstreckung der letzteren Strafe aus irgend einem Grunde auf die bürgerlichen Behörden über, so wäre nach dem B.R.Beschluß zwar Preußen an sich zur Uebernahme der Vollstreckung der Gesammtstrafe verpflichtet; hält sich aber der Verurtheilte z. B. in Baden oder Württemberg als seinem Heimathstaat auf oder hat er dort die militärgerichtlich abgeurtheilte That verübt, so bleibt nach §. 15 E.G. z. M.St.G.O. Baden bezw. Württemberg zur Vollstreckung der Gesammtstrafe verpflichtet und sind dann die baaren Auslagen des Strafvollzugs von Preußen an Baden bezw. Württemberg zu erstatten.

[2]) In den meisten derartigen Fällen wird entweder die Vollstreckung der militärgerichtlich erkannten Strafe auf die Civilbehörden übergehen oder umgekehrt; das Erstere z. B. wenn ein wegen Fahnenflucht vor der Einstellung oder wegen eines während der Dienstzeit verübten Delikts militärgerichtlich verurtheilter Soldat vor Verbüßung dieser Strafe wegen eines vor dem Diensteintritt verübten gemeinen Delikts gemäß § 7 Z. 2 M.St.G.O. oder §. 16 Z. 2 H.O. zur Disposition der Ersatzbehörden entlassen wird (vgl. S. 44 A. 1); das Zweite z. B. wenn ein wegen Fahnenflucht vom aktiven Dienststand verurtheilter Soldat während der Fahnenflucht civilgerichtlich in Unkenntniß seiner Militärverhältnisse wegen gemeinen Delikts zu Gefängnißstrafe verurtheilt wurde und diese Strafe zur Zeit der militärgerichtlichen Aburtheilung wegen Fahnenflucht noch nicht verbüßt hat. (Ist er dagegen civilgerichtlich zu Zuchthaus verurtheilt worden, so ist gegen ihn bei der militärgerichtlichen Aburtheilung die Entfernung aus dem Heer auszusprechen, §. 81 M.St.G.Bs., womit die Vollstreckung auch der militärgerichtlich erkannten Strafe auf die Civilbehörde übergeht.)

[3]) Nach einer auch vom Württ.Just.Min. gebilligten Entsch. des Württ.K.Min. (Just.Abt.) vom Jahre 1899 würde sich in solchen Fällen am meisten die Festsetzung einer Zusatzstrafe durch das zuletzt urtheilende Gericht empfehlen, worauf dann

Verurtheilten an die bürgerlichen Strafvollstreckungsbehörden ist durch §. 5 Militärstrafvollstreckungsvorschrift geregelt.[1])

Die Civilstrafanstalten, an welche in den einzelnen Bundesstaaten die Einlieferung zu erfolgen hat, sind in der Anlage 2 zur Militärstrafvollstreckungsvorschrift aufgezählt.[2])

7. Die Kosten der durch die bürgerlichen Behörden bewirkten Vollstreckung militärgerichtlicher Strafen hat abweichend von dem sonst im Militärstrafprozeß geltenden Grundsatz der Kostenfreiheit der Verurtheilte zu tragen (§. 469 Abs. 3 M.St.G.O.).[3])

8. Ueber alle auf den Strafvollzug bezüglichen Fragen (z. B. auch Gesuche um Strafaufschub) steht auch nach Uebergang desselben auf die Civilbehörden die Entscheidung dem Militärgericht zu.[4])

III. Disziplinarstrafen.

Die gegen Personen des Beurlaubtenstandes wegen Zuwiderhandlungen gegen die militärischen Kontrolvorschriften im Disziplinarweg von den Bezirkskommandos verhängten Geld- und Haftstrafen werden gemäß §. 7 Reichsgesetzes vom

---

getrennte Strafvollstreckung durch Civil- und Militärgerichte zu erfolgen hätte. Für diese Unterscheidung zwischen Gesammtstrafe und Zusatzstrafe dürften jedoch mehr praktische als juristische Gründe sprechen.

[1]) Vgl. hiezu: für Preußen Erl.d.K.Min. vom 8. Juli 1881 (A.V.Bl. S. 161). Für Bayern Bekanntmachungen des Just.- bezw. K.Min. in V.Bl. 1872 S. 875, 462 (J.M.Bl. S. 204, 265); 1879 S. 405 (J.M.Bl. S. 1701); 1880 S. 471 (J.M.Bl. S. 468); 1881 S. 94 (J.M.Bl. S. 94), 1884 S. 160; 1885 S. 7; 1889 S. 452; J.M.Bl. von 1891 S. 81. — Für Württemberg: Verf. des Just.- und K.Min. vom 17. Dezember 1879 und 22. Januar 1889 (Reg.Bl. von 1879 S. 479; von 1889 S. 6) und die ergänzende Bestimmung zu §. 5 Z. 2 und 5 M.St.V.V. vom 30. Dezember 1889. Für die Marine A.K.O. vom 22. Januar 1889 (Mar.V.Bl. S. 11).

[2]) Abgeändert durch eine Reihe von Pr.K.Min.Erl., vgl. A.V.Bl. 1889 S. 228; 1893 S. 68; 1894 S. 141, 304 und 310; 1895 S. 250; 1896 S. 297; 1897 S. 311; 1899 S. 158. — Für Bayern vgl. die in Anm. 1 cit. Bestimmungen; für Württemberg Verf. des Just.Min. vom 8. August 1884 (M.V.Bl. S. 188; Reg.Bl. S. 177) abgeändert durch Just.Min.Verf. vom 10. März 1899 (Reg.Bl. S. 286), Verf. des K.Min. in M.V.Bl. 1888 S. 54, 1884 S. 159 159, 170; 1898 S. 60. Für die Marine §. 6 der oben cit. A.K.O. vom 22. Januar 1889. Für die Schutztruppe vgl. Schutztruppenordnung S. 59.

[3]) Die Militärbehörden sind zur Tragung der Kosten nicht verpflichtet; es darf auch ein Kostenvorschuß von ihnen nicht verlangt werden. Die Kosten sind von dem Verurtheilten in derselben Weise zu erfordern, wie bei den von den ordentlichen Gerichten verurtheilten Personen; vgl. Pr.Just.Min.Verf. vom 8. Januar 1894 (Pr.J.M.Bl. S. 2; A.V.Bl. S. 58). — Eines besonderen Ausspruches hierüber bedarf es wohl nicht. Anders nach der oben Anm. 1 citirten Württ. Min.Verf. §. 2, deren Weitergeltung im genannten Punkt nach Inkrafttreten der M.St.G.O. jedoch zweifelhaft erscheint.

[4]) Es gilt auch hier das oben S. 69 f. Gesagte. Ausdrücklich ist dies in Bayern durch A.V.O. vom 12. Oktober 1872 Nr. X (V.Bl. S. 375) bestimmt. Ebenso hinsichtlich der Begnadigung eine zwischen dem Württ.K.- und Just.Min. getroffene Vereinbarung vom 21. Juni 1884.

15. Februar 1875 (Kontrolgesetz) auf Requisition der Bezirkskommandos von der Civilbehörde des Aufenthaltsorts des Bestraften vollstreckt. Die Kosten des Vollzugs trägt der Militärfonds.[1])

Ueber etwaige Gesuche um Strafaufschub (z. B. bei Einreichung eines Gnadengesuchs) entscheidet ausschließlich die Militärbehörde.[2])

Die im Disziplinarweg gegen Personen des Beurlaubtenstandes verhängten Arreststrafen dagegen sind durch die Militärbehörden zu vollstrecken, es sei denn, daß innerhalb 3 Meilen[2a]) vom Aufenthaltsort des Bestraften ein Militärarrestlokal nicht vorhanden ist, in welchem Fall die Vollstreckung von Arreststrafen unter 8 Tagen durch die Civilbehörden erfolgt (§. 7 des Kontrolgesetzes). Hinsichtlich der Kosten des Strafvollzugs gilt das oben bemerkte.

IV. Vermögensbeschlagnahme.

Nicht um eine eigentliche Strafe, sondern um eine die Gestellung des Beschuldigten bezweckende Maßregel handelt es sich bei dem nach §§. 360 ff. Militärstrafgerichtsordnung an die Stelle des bisherigen militärgerichtlichen Kontumazialverfahrens gegen Fahnenflüchtige tretenden unter Mitzeichnung eines Kriegsgerichtsraths ergehenden Beschlusse des Gerichtsherrn, wodurch gegen einen eines Verbrechens oder Vergehens verdächtigen Abwesenden die Vermögensbeschlagnahme ausgesprochen wird.[3])

---

[1]) Ueber das Verfahren bei Liquidation der Strafvollstreckungskosten von Haft- und Arreststrafen, vgl. Cirk.Erl. des Pr.K.Min. und Min. des Innern vom 24. Juni 1874 (Verw.Min.Bl. S. 187, 192. A.B.Bl. S. 77) und vom 12. Juli 1892 (J.M.Bl. S. 265); Erl. des Württ.K.Min. u. Min. des Innern vom 20. April 1899 (Amtsbl. des Min. des Innern S. 166). Ueber die zu erstattenden Kosten vgl. Erl. des Pr.K.Min. vom 21. April 1881 (A.B.Bl. S. 187; Württ.M.B.Bl. S. 92). Ueber die Zuständigkeit zur Strafvollstreckung im Fall eines Wechsels des Aufenthaltsortes des zu Bestrafenden vgl. Erl. des Preuß.K.Min. und Min. des Innern vom 12. Januar 1875 (Solms S. 445 Note 3); und den oben cit. Württ.Min. Erl. von 1899 Nr. 4. — Für Bayern vgl. M.B.Bl. 1881 S. 290; 1882 S. 305; J.M.Bl. 1875 S. 94. — Für Sachsen vgl. Just.Min.Verf. vom 1. Dezember 1879, wonach die Vollstreckung der von den Landwehrbehörden verhängten Disziplinarstrafen, mögen sie in Arrest, Haft oder Geldstrafe bestehen, durch die mit der Dienstaufsicht in Strafsachen betrauten Amtsrichter erfolgt. Hinsichtlich der Ablieferung der Geldstrafen und Berechnung der baaren Auslagen ist die Sächs.Gen.V.O. vom 5. Juli 1875 und 31. Juli 1877 maßgebend. — Hinsichtlich der Marinemannschaften des Beurlaubtenstandes vgl. A.B.Bl. 1898 S. 422.

[2]) Vgl. Entscheidung des Württ.K.Min. vom 30. Januar 1897 und zustimmend Note des Min. des Innern vom 4. Februar 1897 (auf einen Spezialfall bezüglich).

[2a]) = 20 Kilometer (vergl. W.O. §. 119 Z. 3 Abs. 2).

[3]) Die im Geltungsgebiet der bisherigen Pr.M.St.G.O. nach §. 2 E.G. zum M.St.G.B. noch in Kraft gewesenen materiellrechtlichen Bestimmungen, wonach gegen Fahnenflüchtige im Wege des Ungehorsamsverfahrens auf Geldstrafe bis zu 3000 M. erkannt werden mußte, sind durch §. 2 E.G. zur M.St.G.O. nunmehr aufgehoben. Es findet also eine Einziehung des Vermögens, sowie eine Beschrän-

Dieser Beschluß ist von der Militärbehörde im Reichsanzeiger bekannt zu machen und hat dieselben Wirkungen wie nach §. 334 Strafprozeßordnung. Seine **Vollziehung** erfolgt auf Ersuchen des Militärgerichts durch Einleitung einer Güterpflege seitens derjenigen Civilbehörde, welche für die Einleitung einer Vormundschaft über Abwesende zuständig ist.[1]) Eine weitere Nachprüfung steht der Civilbehörde nicht zu.[1a])

Die Beschlagnahme und damit auch die Güterpflege ist **aufzuheben**, wenn die Gründe derselben weggefallen sind, bezw. wenn der Zustand der Fahnenflucht aufhört, also insbesondere auch nach eingetretener Verjährung.[2])

---

kung der Beschlagnahme auf einen bestimmten Betrag nicht mehr statt. Die Vermögensbeschlagnahme hat nicht mehr den Zweck, die Vollstreckung des Kontumazialurtheils zu sichern, sondern ist lediglich Gestellungsmaßregel.

[1]) B.G.B. §. 1911; Ges. über die freiwillige Gerichtsbarkeit vom 17. Mai 1898, §§. 85 ff. — Pr.Min.Verf. vom 22. Januar 1892 (J.M.Bl. S. 65). Württ.Just.- und Min.Verf. vom 30. November 1889 (Reg.Bl. S. 334).

[1a]) Vgl. auch Delius, Beschlagnahme des Vermögens (in Goltdammers Archiv Bd. 37, S. 118).

[2]) Nach dem Gesagten kann es sich jetzt nur noch um die Verjährung der Strafverfolgung, nicht mehr um die Verjährung der Strafvollstreckung (wie bisher nach preuß. Recht) handeln. — Die Verjährung der Strafverfolgung wegen Fahnenflucht beginnt nach §. 76 M.St.G.B. mit dem Tage, an welchem der Fahnenflüchtige, wenn er die Handlung nicht begangen hätte, seine gesetzliche oder von ihm übernommene Dienstpflicht erfüllt haben würde. Da die gesetzliche Verpflichtung zum Dienst nach Art. II §. 8 R.Ges. vom 11. Februar 1888 bis zum 31. März desjenigen Kalenderjahres dauert, in welchem das 39. Lebensjahr vollendet wird, so beginnt in der Regel mit diesem Tage (nicht mit dem 1. April, wie Solms S. 94, Note 3 meint) die Verjährung (vgl. jedoch §. 8 Abs. 2. des cit. Ges.). Für diejenigen Fahnenflüchtigen dagegen, welche am 11. Februar 1888 ihre nach dem früher maßgebenden Kriegsdienst-Ges. vom 9. November 1867 §§. 6, 7 nur 12jährige Dienstzeit schon erfüllt haben würden, beginnt die Verjährung schon mit Ablauf der 12 Jahre und zwar auch, wenn die Verjährungszeit bei dem Inkrafttreten des R.Ges. vom 11. Februar 1888 noch nicht abgelaufen war, da nach §. 2 St.G.B. auch hinsichtlich der **Voraussetzungen** der Verjährung das **mildere** Gesetz Anwendung zu finden hat (a. M. Beschl. des Pr.Gen.Aud. vom 25. Mai 1889; Solms S. 94, Note 2). Für Kapitulanten, welche ihre **gesetzliche** aktive Dienstpflicht schon erfüllt haben, beginnt die Verjährung mit dem Tag des Ablaufs der Kapitulation. — Der **Verlust der deutschen Staatsangehörigkeit** ist an sich für den Beginn der Verjährung der Fahnenflucht (im Unterschied von der Verjährung des Vergehens i. S. des §. 140 St.G.B.) **ohne Einfluß**. Eine Ausnahme gilt jedoch hinsichtlich der in die Vereinigten Staaten von Nordamerika Ausgewanderten, auf Grund der zwischen diesen und dem Norddeutschen Bund, Bayern, Württemberg, Baden und Hessen bestehenden Staatsverträge, wonach solche Ausgewanderte, welche 5 Jahre ununterbrochen in Nordamerika zugebracht und das amerikanische Staatsbürgerrecht erworben haben, bei etwaiger Rückkehr wegen einer **durch** die Auswanderung verübten Strafthat nicht mehr strafrechtlich verfolgt werden können. Für **Württemberg** gilt jedoch abweichend hiervon die Zusatzbemerkung zu Art. 2 des Vertrages (Reg.Bl. von 1872 S. 178), wonach **fahnenflüchtige Württemberger** (sei es, daß sie vor oder nach der Einstellung flüchtig geworden sind), auch, wenn die obigen Voraussetzungen zutreffen, ausnahmsweise noch nach der Rückkehr bestraft werden können.

3. Uebergangsbestimmungen.

Soweit die Vorschriften der Militärstrafgerichtsordnung hinsichtlich der Strafvollstreckung nach dem Obigen vom bisherigen Recht abweichen, finden sie Anwendung, auch wenn die Strafe nach den bisherigen Militärprozeßgesetzen erkannt ist (§. 24 Z. 6 M.St.G.O.).

Ein vor dem Tage des Inkrafttretens der Militärstrafgerichtsordnung ergangenes, die Bestrafung eines Fahnenflüchtigen betreffendes Kontumazialurtheil ist nach Rückkehr des Verurtheilten in dem nach den Vorschriften der Militärstrafgerichtsordnung ergehenden neuen Urtheil aufzuheben, wogegen hinsichtlich einer bereits eingezogenen im Kontumazialverfahren erkannten Geldstrafe die bisherigen Bestimmungen Anwendung finden (§. 24 Z. 4 M.St.G.O.).[1])

4. Beschwerde bei Verweigerung der Uebernahme der Strafvollstreckung.

Wird seitens der Civil- oder Militärbehörde entgegen den bisher dargestellten Grundsätzen das Ersuchen des andern Theils um Uebernahme der Strafvollstreckung abgelehnt, so ist hiegegen nur die Beschwerde an die Aufsichtsbehörde, also in letzter Instanz an das betreffende Justiz- bezw. Kriegsministerium, statthaft, nicht etwa die in den §§. 12, 13 Einführungsgesetzes zur Militärstrafgerichtsordnung zugelassene Rechtshülfebeschwerde, welche in letzter Instanz an das Reichs- bezw. Reichsmilitärgericht geht und auch sonst vom normalen Instanzenzug abweicht (vgl. unten S. 87 u. 98).[2])

VI. Militärische Ausnahmegerichte im Fall der Erklärung des Kriegs- (Belagerungs-) Zustands.

Etwas von der bisher behandelten ständigen, ordentlichen Militärgerichtsbarkeit völlig Verschiedenes ist die auf Grund reichs- oder landesgesetzlicher Bestimmung im Fall der Erklärung des Kriegszustands in Kraft tretende kriegs- bezw. standgerichtliche Ausnahmegerichtsbarkeit, welche durch §. 16 Reichsgerichtsverfassungsgesetzes aufrecht erhalten ist. Auch hier handelt es sich um reichsrechtlich bestellte bezw. (in Bayern) zugelassene Sondergerichte (§. 13 G.V.G.)

---

[1]) Für die Wiederaufhebung einer durch militärgerichtliches Kontumazialurtheil nach bisherigem Recht verhängten Vermögensbeschlagnahme, soweit solche ohne Rückkehr des Abwesenden (z. B. auf Grund eingetretener Verjährung) zu erfolgen hat, gelten nach der Württ.Ausf.Best. zu §. 24 Z. 4 E.G. zur M.St.G.O. die Bestimmungen der M.St.G.O. §§. 860, 862. — Die Pr. und Bayr.Ausf.Best. enthalten keine Bestimmung in dieser Richtung.

[2]) Vgl. Löwe, Note 4a zu §. 160, Note 7 zu §. 164 G.V.G., R.G.E. 20, 101.

Es kommen in Betracht: 1. das durch A. 68 Reichsverfassung auf das ganze Reichsgebiet (mit Ausnahme von Bayern, vgl. Art. III §. 5 des Bündnißvertrags vom 23. November 1870) für anwendbar erklärte Preußische Gesetz vom 4. Juni 1851,[1]) wonach der Kaiser[2]) im Fall der Erklärung eines Theils des genannten Reichsgebiets in Kriegs- (Belagerungs-)Zustand die Einsetzung von Kriegsgerichten anordnen kann, vor welche dann die Untersuchung und Aburtheilung der in den §§. 8, 9, 10 Absatz 1 des genannten Gesetzes aufgeführten Verbrechen und Vergehen gehört;

2. für Bayern[3]) ferner die Artikel 441—456 des Bayrischen Strafgesetzbuchs von 1813 (in Kraft erhalten durch Art. 2 Z. 12 und Art. 64 Bayr. Einf.G. z. St.G.B. vom 26. Dezember 1871 und Art. 3 Z. 11 des Bayr. Ausf.G. zur St.P.O.), wonach das Standrecht angeordnet werden kann und damit an Stelle der ordentlichen Gerichtsbarkeit diejenige der Standgerichte tritt:

1. in allen Fällen, in welchen sich eine Menschenmenge zu hochverrätherischen Unternehmungen (§§. 80—82 St.G.B.), sowie zu Verbrechen in Beziehung auf die Ausübung staatsbürgerlicher Rechte (§ 105) zusammenrottet oder der Thatbestand der Verbrechen des Aufruhrs, Auflaufs oder Landfriedensbruchs (§§. 115, 116, 125 St.G.B.) begründet ist, sofern die verbrecherische Unternehmung an Umfang oder Hartnäckigkeit so weit gediehen ist, daß die Ruhe nur durch außerordentliche Gewalt wieder hergestellt werden kann;

2. wenn in gewissen Gegenden Mord, Raub, Brandlegung ungewöhnlich überhandnehmen, vorzüglich aber, wenn sich ganze Banden zu solchen Verbrechen vereinigt haben und die ordentlichen Mittel zur Wiederherstellung der öffentlichen Sicherheit fruchtlos geblieben sind;

ferner der Artikel 6 Ziffer 6 der Bayrischen Militärstrafgerichtsordnung, wonach ausnahmsweise der Militärstrafgerichtsbarkeit (also auch den Militärstandgerichten A. 57, 169—180 das.) unterworfen sind die Bewohner eines in Belagerungszustand erklärten Platzes oder Bezirks nach Maßgabe der Bestimmungen über den Belagerungszustand.[4])

Die Bestimmungen der genannten Gesetze über Zusammen-

---

[1]) Pr.G.S. S. 451 ff.

[2]) Nur dem Kaiser, nicht auch den Landesherrn (mit Ausnahme des Königs von Bayern) steht dieses Recht zu, vgl. Laband, Reichsstaatsrecht 2. Aufl. II, S. 541 f. A. M. v. Rönne, Staatsrecht des deutschen Reichs I, 87. — Voraussetzung der Verhängung des Kriegs- (Belagerungs-)zustandes durch den Kaiser ist die Bedrohung der öffentlichen Sicherheit im Bundesgebiet (Art. 68 R.Verf.).

[3]) Diese Bestimmungen gelten nur für die Bayr. Landestheile rechts des Rheins. Ueber das in der Pfalz geltende Recht vgl. v. Seydel, Bayr. Staatsrecht V, S. 85.

[4]) In welchem Verhältniß diese letztere Bestimmung zu den oben cit. Bestimmungen des Bayr. St.G.B. von 1813 über die prozessualen Wirkungen des Standrechts steht, ob die letzteren Bestimmungen durch die erstere nur eingeschränkt oder ersetzt sind, ist nicht klar. Ein Gesetz über den Belagerungszustand ist in Bayern bis jetzt nicht ergangen.

setzung, Zuständigkeit und Verfahren dieser außerordentlichen Kriegs- bezw. Standgerichte bleiben von der Militärstrafgerichtsordnung völlig unberührt, denn die Militärstrafgerichtsordnung bezieht sich in keiner Weise auf diese eigenartigen, dem staatsrechtlichen Gebiet angehörigen militärischen Ausnahmegerichte.[1])

Aufgehoben sind dagegen durch §. 2 Einführungsgesetzes zur Militärstrafgerichtsordnung die Bestimmungen der Preußischen Allerhöchsten Verordnungen vom 21. Juli 1867 über den außerordentlichen Militärgerichtsstand und das summarische kriegsrechtliche Verfahren gegen Ausländer in Kriegszeiten, da sie in Ausführung des durch die Militärstrafgerichtsordnung aufgehobenen §. 25 der Preußischen Militärstrafgerichtsordnung ergangen sind. Ferner sind als aufgehoben zu erachten: die württembergischen Vorschriften über Standrecht und außerordentliches Militärgericht (Württ. Mil.-Strafges. von 1818 Art. 167—183), da sie lediglich eine militärstrafgerichtliche Institution, nicht einen allgemeinen politischen Ausnahmegerichtsstand darstellen; sowie die Bestimmungen der Bayrischen Militärstrafgerichtsordnung über die Militärstandgerichte (Art. 21, 22, 57, 58, 61, 169—180), soweit sie sich nur auf Militärpersonen (nicht auf den oben genannten Fall des Belagerungsstandes und der dadurch begründeten Ausdehnung der Militärgerichtsbarkeit auf Civilpersonen) beziehen, denn insoweit treten an die Stelle der genannten landesgesetzlichen Bestimmungen diejenigen der Militärstrafgerichtsordnung.[2])

---

[1]) Selbstverständlich kann aus der Nichterwähnung dieser Art von militärischen Sondergerichten in der M.St.G.O. in Verbindung mit §. 2 E.G. hiezu nicht etwa deren Aufhebung geschlossen werden, denn durch den §. 2 cit. sind die im Reichsgebiet geltenden militärstrafprozeßrechtlichen Vorschriften nur für diejenigen Strafsachen aufgehoben, deren Entscheidung nach den Bestimmungen der M.St.G.O. zu erfolgen hat. Die in Frage stehenden Ausnahmegerichtsstände liegen aber gar nicht auf militärstrafprozeßrechtlichem, sondern auf staatsrechtlichem Gebiet und bleiben daher von der M.St.G.O ganz unberührt.

[2]) Die Bayr. Ausf.-Gesetzgebung zur M.St.G.O. läßt bis jetzt eine Bestimmung hinsichtlich des oben genannten Art. 6 Z. 6 Bayr. M.St.G.O. vermissen. Derselbe ist durch die M.St.G.O. weder aufgehoben noch ersetzt. Denn soweit die Mil.-Gerichtsbarkeit durch landesgesetzliche Bestimmung auf weitere Civilpersonen als die in der M.St.G.O. genannten ausgedehnt ist, wird sie durch die M.St.G.O. nicht berührt und bedarf es daher besonderer landesgesetzlicher Bestimmung, um an Stelle der bisherigen prozeßrechtlichen Bestimmungen diejenigen der M.St.G.O. treten zu lassen (vgl. §. 2 E.G. z. M.St.G.O.). Ohne solche Bestimmung bleiben daher auch hinsichtlich der im A. 6 Z. 6 Bayr. M.St.G.O. genannten Civilpersonen die bisherigen Bestimmungen der Bayr. M.St.G.O. (insbesondere über Mil.-Standgerichte) in Kraft. Soweit dagegen die letzteren Bestimmungen sich auf Mil.-Personen bezw. solche Personen, die nach der M.St.G.O. unter Mil.-Gerichtsbarkeit stehen, beziehen, handelt es sich um Strafsachen, deren Entscheidung künftig ausschließlich nach den Bestimmungen der M.St.G.O. zu erfolgen hat (§. 2 E.G.); insoweit sind daher diese Bestimmungen der Bayr. M.St.G.O. aufgehoben. (Vgl. auch über den zugleich staatsrechtlichen Charakter der Mil.-Standgerichte v. Seydel, Bayr. Staatsrecht V, S. 86.) — Zwar kennt die M.St.G.O. kein besonderes „standrechtliches Verfahren", sondern giebt nur einzelne vom ordentlichen Verfahren ab-

Der materiellrechtliche Inhalt der oben genannten landesgesetzlichen Bestimmungen ist schon durch den §. 4 Einführungsgesetzes zum Strafgesetzbuch,[1]) sowie die §§. 9, 155—161 Militärstrafgesetzbuchs ersetzt worden.

Zweiter Theil.

Rechtshülfe zwischen Civil- und Militärstrafgerichtsbarkeit.

A. Allgemeines.

Der Begriff der Rechtshülfe wird hier in einem weitern Sinn genommen, wonach darunter nicht blos diejenige Unterstützung, welche sich die Gerichte durch Uebernahme richterlicher Handlungen für einander leisten (Rechtshülfe im engeren Sinn), verstanden wird, sondern überhaupt jede Unterstützung, welche die bei Ausübung der Strafrechtspflege mitwirkenden Civil- und Militärbehörden sich durch Zurverfügungstellung einer ihnen eigenen Amtsgewalt zu Zwecken der Strafrechtspflege gegenseitig

---

weichende Bestimmungen für das „Feld" bezw. „an Bord". Da nun aber unter den in §. 5 E.G. genannten Voraussetzungen des Inkrafttretens der für das Feld gegebenen prozessualen Bestimmungen (abweichend vom §. 9 Z. 2 und 8 M.St.G.B.) die Erklärung des Kriegszustandes in einem Gebiet bezw. das Inkrafttreten der Kriegsgesetze nicht genannt ist, vielmehr die Geltung der für das Feld gegebenen Bestimmungen auf „die Dauer des mobilen Zustandes des Heers", sowie für die Besatzung eines festen Platzes auf die Bedrohung desselben vom Feind beschränkt ist, so treten bei Erklärung des Kriegszustandes zwar die materiellen Kriegsgesetze in Kraft, wogegen das militärgerichtliche Verfahren (wenn nicht gleichzeitige Mobilisirung eintritt) nur insofern sich ändert, als nach §. 27 M.St.G.O. die höhere Gerichtsbarkeit über alle zur Besatzung gehörenden Mil.-Personen auf den Befehlshaber des in Kriegs- (Belagerungs-) Zustand erklärten Orts oder Distrikts übergeht. Aus §. 6 d. Pr. Ges. vom 4. Juni 1851 wird das Gegentheil im Hinblick auf den klaren Wortlaut des §. 5 E.G. z. M.St.G.O. nicht gefolgert werden können (vgl. auch Begr. zu §. 5 E.G. S. 188), vielmehr ist der §. 6 cit. als durch §. 2 E.G. aufgehoben zu erachten, da er eine militärstrafprozeßrechtliche Bestimmung enthält. Eine dem §. 9 E.G. z. Pr.M.St.G.O. entsprechende Bestimmung kennt die M.St.G.O. nicht. — Hinsichtlich der Strafgerichtsbarkeit über Kriegsgefangene und Ausländer in Kriegszeiten und bei kriegerischen Unternehmungen können die Bestimmungen der M.St.G.O. über Bildung der Mil.-Gerichte und das Verfahren durch Kais.V.O. abgeändert werden (§. 8 E.G. zur M.St.G.O.).

[1]) In Bayern treten an Stelle dieses §. 4 E.G. die einschlägigen Bestimmungen über das Standrecht (§. 7 Abs. 2 R.Ges. vom 22. April 1871).

leisten.[1]) Für beide Arten von Rechtshülfe enthält die Militärstrafgerichtsordnung Bestimmungen.

Das Bedürfniß gegenseitiger Rechtshülfe zwischen bürgerlicher und Militärgerichtsbarkeit beruht zum Theil ebenso wie im Verhältniß zwischen bürgerlichen Gerichtsbehörden unter sich auf den der Ausübung der Gerichtsbarkeit durch das Gesetz gezogenen lokalen Grenzen bezw. auf dem durch das räumliche Verhältniß des Gerichts zu den Subjekten und Objekten des Strafverfahrens bedingten Bedürfniß, aus Zweckmäßigkeitsgründen einzelne prozessuale Handlungen einer mit örtlicher Zuständigkeit ausgestatteten Behörde zu übertragen, zum Theil aber auch weiter darauf, daß die Gerichtsgewalt der bürgerlichen Gerichte hinsichtlich der unter ordentlicher Militärgerichtsbarkeit stehenden Personen und umgekehrt diejenige der Militärgerichte zu Gunsten der nicht unter Militärgerichtsbarkeit stehenden Civilpersonen in mehrfacher Hinsicht eingeschränkt ist, und daher die eine Gerichtsbarkeit zur Bewirkung einer prozessualen Handlung unter Umständen die ihr selbst fehlende Amtsgewalt der andern in Anspruch nehmen muß.

Bisher war die Rechtshülfe zwischen Civil- und Militärgerichtsbarkeit desselben Bundesstaats reichsgesetzlich nicht geregelt, denn die Vorschriften des Reichsgerichtsverfassungsgesetzes über Rechtshülfe beziehen sich nur auf die Rechtshülfe zwischen ordentlichen bürgerlichen Gerichten,[2]) das Rechtshülfegesetz vom 21. Juni 1869 aber regelt nur die Rechtshülfe zwischen den Gerichten verschiedener Bundesstaaten. In Preußen und Bayern waren auf die Rechtshülfe zwischen Civil- und Militärgerichten die Bestimmungen des Reichsgerichtsverfassungsgesetzes für entsprechend anwendbar erklärt.[3]) In Württemberg fehlte es an einer gesetzlichen Bestimmung.

Nunmehr ist die Rechtshülfe zwischen Militär- und Civilstrafgerichtsbehörden durch §§. 12, 13 Einführungsgesetzes zur Militärstrafgerichtsordnung eingehend geregelt.

Der §. 12 cit. bestimmt, daß die bürgerlichen Gerichte den zur Ausübung der Militärstrafgerichtsbarkeit berufenen Stellen und diese jenen in den zu ihrer Zuständigkeit gehörigen Strafsachen Rechtshülfe zu leisten haben.

Hiernach besteht die Rechtshülfepflicht der Civilgerichte nicht nur gegenüber dem Ersuchen eines eigentlichen (erkennenden) Militärgerichts, sondern auch gegenüber dem zur Ausübung der Militär-

[1]) Für diesen weiteren Begriff der Rechtshülfe vgl. Birkmeyer S. 288 ff. — Ueber Rechtshülfe der Mil.-Behörden in Civilsachen zu vergl. Daude S. 48 ff.; Delius, Rechtshülfeverfahren (Archiv für bürgerl. Recht Bd. 2 S. 81) und Deutsche Juristenzeitung 1897, S. 420.

[2]) Vgl. Löwe, Note 4a zu §. 160 G.V.G.; R.G.E. 19, 442.

[3]) Art. 87 Pr.Ausf.Ges. und A. 77, Bayr.Ausf.Ges. zum G.V.G. Vgl. hierüber Delius, Archiv für öffentl. Recht Bd. 9, S. 249 ff.

gerichtsbarkeit nach §. 12 Militärstrafgerichtsordnung mitberufenen Gerichtsherrn und seinen Organen (Kriegsgerichtsrath, Gerichtsoffizier); die Rechtshülfepflicht der militärgerichtlichen Stellen[1]) besteht nicht nur gegenüber den bürgerlichen Gerichten, sondern, wie aus dem in §. 13 Einführungsgesetzes gewählten allgemeineren Wort „Gerichtsbehörden" zu schließen sein dürfte, auch gegenüber den Staatsanwaltschaften; wogegen die genannten Bestimmungen keine Anwendung finden auf die umgekehrt von den Staatsanwaltschaften den Militärgerichten zu leistende Rechtshülfe,[2]) ebensowenig auf die Rechtshülfe zwischen Militärgerichten und Polizeibehörden, sowie auf die Rechtshülfe in Disziplinar- und Ehrengerichtssachen[3]) und militärpolizeilichen Untersuchungen (z. B. in Selbstmordfällen).

Die im Einzelnen für die Rechtshülfe zwischen Civil- und Militärgerichtsbarkeit geltenden Bestimmungen ergeben sich aus dem Folgenden:

B. Rechtshülfe der bürgerlichen Behörden gegenüber den militärgerichtlichen Stellen.

I. Für die Rechtshülfe im engeren Sinne, also der bürgerlichen Gerichte gegenüber den Militärgerichten (im obengenannten Sinne) trifft der §. 12 Abs. 2—4 Einführungsgesetzes zur Militärstrafgerichtsordnung nachstehende allgemeine Bestimmungen:

1. Das Rechtshülfegesuch ist an das Amtsgericht zu richten, in dessen Bezirk die Amtshandlung vorgenommen werden soll. Das Ersuchen ist in der Regel vom Gerichtsherrn und dem ihm beigeordneten Militärjustizbeamten oder Gerichtsoffizier, in dringenden Fällen auch von letzteren allein zu unterzeichnen (§§. 97, 160 M.St.G.O.).

2. Das Ersuchen darf nur abgelehnt werden, wenn entweder dem ersuchten Gericht die örtliche Zuständigkeit mangelt, oder die vorzunehmende Handlung nach dem Rechte des ersuchten Gerichts verboten (d. h. in abstracto unzulässig) ist.

Hiernach erstreckt sich die Prüfung des ersuchten Gerichts weder

---

[1]) Es können hier nur die Gerichtsherrn, nicht wohl die erkennenden Mil.-Gerichte in Betracht kommen.

[2]) Da §. 12 cit. nur von bürgerlichen Gerichten spricht, §. 13 E.G. aber nur von bürgerlichen „Gerichtsbehörden" als Subjekten des Rechtshülfeersuchens, auch aus der oben vertretenen Anwendbarkeit der Bestimmungen der M.St.G.O. auf die Rechtshülfe des Gerichtsherrn gegenüber der Staatsanwaltschaft nicht ohne Weiteres auch das Umgekehrte gefolgert werden darf, sofern die Gerichtsherrn im Unterschied von der Staatsanwaltschaft richterliche Funktionen ausüben.

[3]) Vgl. über Rechtshülfe und Zeugnißzwang in Disziplinar- und Ehrengerichtssachen Delius a. a. O. S. 260 ff.; Weigel Note 4 und 7 zu §. 12 E.G. zur M.St.G.O.; Dalcke in Goltdammers Archiv Bd. 89 S. 248.

darauf, ob die gesetzlichen Voraussetzungen der Vornahme der Handlung in concreto vorliegen, noch darauf, ob das ersuchende Gericht seinerseits zuständig und ob die Uebertragung der betreffenden richterlichen Handlung auf das Civilgericht nothwendig bezw. angemessen sei.[1])

Hinsichtlich der im militärgerichtlichen Ermittelungsverfahren[2]) an die Amtsgerichte gerichteten Rechtshülfeersuchen bestimmt jedoch der §. 160 Abs. 3 Militärstrafgerichtsordnung (analog der im §. 160 St.P.O. für die Ersuchen der Staatsanwaltschaften an die Amtsgerichte um Vornahme richterlicher Untersuchungshandlungen gegebenen Bestimmung), daß der ersuchte Amtsrichter zu prüfen habe, ob die beantragte Handlung nach den Umständen des Falls (also in concreto) gesetzlich zulässig sei, und zwar ist für diese Prüfung, wie aus der Vergleichung des §. 160 Militärstrafgerichtsordnung mit §. 12 Einführungsgesetzes, sowie aus der Nebeneinanderstellung des ersuchten Gerichtsherrn und Amtsrichters in §. 160 cit. sich ergiebt,[3]) das Recht der ersuchenden Stelle, also die Militärstrafgerichtsordnung maßgebend.[4])

Da nun aber nach dem oben Ausgeführten auf die eben bezeichneten Rechtshülfeersuchen des Gerichtsherrn (anders als bei den in §. 160 St.P.O. genannten Ersuchen der Staatsanwaltschaften)[5]) gleichzeitig auch die zu Anfang erwähnte Bestimmung des §. 12 Einführungsgesetzes zutrifft, so ergiebt sich für diese Fälle ein Widerspruch des Gesetzes, der nur durch die Annahme zu lösen ist, daß ein im militärischen Ermittelungsverfahren seitens des Gerichtsherrn gestelltes Ersuchen um Vornahme einzelner Untersuchungshandlungen vom ersuchten Amtsrichter abweichend von der Regel nicht nur dann abgelehnt werden kann, wenn die beantragte Handlung nach bürgerlichem Prozeßrecht überhaupt (in abstracto) unzulässig ist, sondern schon dann, wenn es in concreto nach den Be-

---

[1]) Vgl. Löwe, Note 3 und 4 zu §. 159 G.V.G., Note 10c zu §. 69 St.P.O. Die militärischen Stellen sind jedoch durch die von den einzelnen Kriegsministerien erlassenen Ausf.-Bestimmungen zu §. 12 E.G. angewiesen, die Hülfe der bürgerlichen Gerichte nur ausnahmsweise in Anspruch zu nehmen, insbesondere, wenn sich an dem Ort, wo eine militärgerichtliche Untersuchungshandlung vorgenommen werden soll, eine zuständige militärische Stelle befindet, das Ersuchen um Rechtshülfe in der Regel an diese zu richten.

[2]) Dieses Ermittelungsverfahren vertritt im Mil.Strafverfahren die Stelle des staatsanwaltschaftlichen Ermittelungsverfahrens und der civilgerichtlichen Voruntersuchung (Begr. S. 56, 57).

[3]) Vgl. ferner §. 289 Abs. 3 M.St.G.O., wo für die Befugniß der bürgerlichen Behörden zur Anordnung von Beschlagnahmen und Durchsuchungen ausdrücklich die Vorschriften der bürgerl. St.P.O. für maßgebend erklärt sind, offenbar i. S. einer Ausnahme von der sonstigen Regel.

[4]) Hinsichtlich der gesetzlichen Voraussetzungen einzelner Untersuchungsmaßregeln bestehen zwischen der St.P.O. und M.St.G.O. einzelne nicht unerhebliche Abweichungen.

[5]) Auf welche die Bestimmung des §. 159 G.V.G. keine Anwendung findet, vgl. Löwe, Note 4 und 7 zum 18. Titel des G.V.G.

stimmungen der Militärstrafgerichtsordnung an den gesetzlichen Voraussetzungen der Zulässigkeit mangelt.

Hiernach hätte z. B. der im Ermittelungsverfahren um eidliche Vernehmung eines Zeugen ersuchte Amtsrichter darüber zu befinden, ob die Voraussetzungen der alsbaldigen Beeidigung gegeben sind bezw. ob nicht Bedenken gegen die Beeidigung vorliegen (§. 195 M.St.G.O.); gegenüber dem im Ermittelungsverfahren gestellten Ersuchen um Anwendung der gesetzlichen Straf- und Zwangsmittel gegen einen Zeugen 2c. wegen unentschuldigten Ausbleibens oder unberechtigter Zeugniß- bezw. Eidesverweigerung (§§. 186, 203, 208, 230 M.St.G.O.) stünde dem Amtsrichter die Entscheidung über die Berechtigung der Weigerung, die Entschuldbarkeit des Ausbleibens sowie über Art und Umfang der zu verhängenden Zwangsmittel zu.[1])

Da jedoch diese Erweiterung des amtsrichterlichen Prüfungsrechts gemäß §. 160 Militärstrafgerichtsordnung, wie früher hervorgehoben, nur für die im Ermittelungsverfahren gestellten Rechtshülfeersuchen gilt, während im übrigen dem Amtsrichter nach §. 12 Einführungsgesetzes zur Militärstrafgerichtsordnung nur die Prüfung der Zulässigkeit der vorzunehmenden Handlung **in abstracto** zusteht, so ergiebt sich die eigenthümliche Konsequenz, daß das Prüfungsrecht des Amtsrichters gegenüber einem Ersuchen desselben Inhalts seitens desselben Gerichtsherrn ein verschiedenes ist, je nachdem das Ersuchen im Ermittelungsverfahren gestellt wird oder nach Abschluß desselben (z. B. gemäß §§. 269—271 M.St.G.O.).[2])

3. Für die im militärgerichtlichen Ermittelungsverfahren ergehenden Ersuchen um Vornahme einzelner Untersuchungshandlungen[3]) gilt ferner die Bestimmung des §. 167 Abs. 2 Militärstrafgerichtsordnung, wonach der Gerichtsherr, falls dies aus besonderen Rücksichten angezeigt erscheint, einen Offizier bestimmen kann, der den Untersuchungshandlungen des ersuchten Gerichts beizuwohnen und das Protokoll mit zu unterschreiben hat.[4]) Hat er Einwendungen gegen den Inhalt des Protokolls zu erheben, so sind sie von ihm unter demselben zu vermerken. Weiter

---

[1]) Vgl. im Uebrigen über den Umfang des amtsrichterlichen Prüfungsrechtes Löwe, Note 9—11 zu §. 160 St.P.O.

[2]) Hieraus ergiebt sich klar, daß die in §. 160 St.P.O. und §. 160 Abs. 3 M.St.G.O. bestimmte Erweiterung des Prüfungsrechtes des ersuchten Richters gegenüber der Regel des §. 12 E.G. zur M.St.G.O. und §. 159 Abs. 2 G.V.G. zwar für das Verhältniß der Staatsanwaltschaft zu den ersuchten Gerichten völlig gerechtfertigt ist durch die Stellung der Staatsanwaltschaft im bürgerlichen Strafprozeß als bloßer Strafverfolgungsbehörde, nicht aber für das Verhältniß des milit. Gerichtsherrn ,der im Ermittelungsverfahren keineswegs nur staatsanwaltschaftliche Funktionen hat, sondern außerhalb der Hauptverhandlung mit seinen Organen selbst das „Gericht“ bildet, zu andern Gerichten.

[3]) Die nach §§. 39, 40 Pr.M.St.G.O. mögliche Requisition eines Civilgerichts zur Führung einer ganzen Untersuchung ist nach der M.St.G.O. unzulässig.

[4]) Die in §. 51 Pr.M.St.G.O. für Rechtshülfehandlungen der Civilgerichte

gehen die Befugnisse dieses abgeordneten Offiziers nicht; er ist also nicht Mitglied des Untersuchungsgerichts, denn dieses ist durch Amtsrichter und Gerichtsschreiber gehörig besetzt. Er ist daher zu einer Einmischung in die Verhandlungen nicht befugt; er hat vielmehr lediglich die Aufgabe, dem Gericht die etwa wünschenswerthe Auskunft über militärtechnische Fragen zu geben und, sofern Militärpersonen zu vernehmen sind, für Wahrung der Disziplin Sorge zu tragen, zugleich allerdings auch über die genaue, objektive Protokollirung der Aussagen 2c. im Namen des Gerichtsherrn eine gewisse Kontrole zu üben.[1])

4. **Beschwerden über Ablehnung von Rechtshülfegesuchen** an die bürgerlichen Gerichte sind seitens der militärgerichtlichen Stellen an das **Oberlandesgericht**, zu dessen Bezirk das ersuchte Gericht gehört, in letzter Instanz an das **Reichsgericht** zu richten.[2])

Die Entscheidungen erfolgen ohne vorgängige mündliche Verhandlung (§. 12 Abs. 3 E.G. zur M.St.G.O.).

Als theilweise Ablehnung ist auch eine dem Ersuchen nicht völlig entsprechende Ausführung desselben anzusehen, wogegen die Abhülfe gegen Verzögerungen und andere Unregelmäßigkeiten nicht mittels der oben genannten Beschwerde, sondern durch Anrufung der vorgesetzten Aufsichtsbehörde herbeizuführen ist.[3])

5. **Kosten der Rechtshülfe** werden von der ersuchenden Behörde **nicht** erstattet (§ 12 Abs. 4 E.G.)[4])

---

in gewissen Fällen **obligatorisch** vorgeschriebene Zuziehung eines Offiziers ist weggefallen, da auch im militärgerichtlichen Ermittelungsverfahren selbst die Zuziehung von Gerichtszeugen nicht mehr erforderlich ist.

[1]) Der Entwurf (§. 160) hatte die Befugniß des Gerichtsherrn zur Abordnung eines Offiziers allgemein auch für die militärgerichtlichen Untersuchungshandlungen vorgesehen; von der Reichstagskommission wurde sie jedoch nur für den oben genannten Fall beibehalten; vgl. Komm.-Ber. S. 57 f.

[2]) Eine Beschwerde eines Prozeßbetheiligten darüber, daß der Vorschrift des §. 12 Abs. 8 E.G. zuwider dem Ersuchen stattgegeben wurde (vgl. §. 160 G.V.G.) giebt es im Verhältniß zwischen Civil- und Militärgerichten nicht, mit Ausnahme der unten S. 96 genannten Fälle des §. 204 M.St.G.O. Ebensowenig kennt die M.St.G.O. eine Beschwerde gegen die **Anordnung** des Rechtshülfegesuchs durch das ersuchende Gericht (anders nach §. 846 St.P.O., vgl. Löwe Note 4c zu §. 846 cit.).

[3]) Vgl. Begr. zu §. 160 G.V.G. (Löwe Note 2 zu §. 160).

[4]) Auch die an sich nicht unter die obige Bestimmung fallenden Kosten für Bewachung, Begleitung und Transport ergriffener Fahnenflüchtiger und anderer Militärarrestanten bis zur Ablieferungsstelle haben die Civilbehörden zu tragen, ausgenommen wenn die von Civilbehörden zur Haft Gebrachten erst später im Laufe der Untersuchung als Personen des Soldatenstandes erkannt und an die Militärbehörde abgeliefert werden, in welchem Fall die bis zur Ermittelung ihres Mil.-Verhältnisses erwachsenen Haftkosten den Civilbehörden zu vergüten sind. Vgl. Friedensbesoldungsvorschrift vom 7. März 1889 S. 141. — Vereinbarung der deutschen Bundesregierungen von 1886 (Württ.M.V.Bl. S. 56). In Württemberg gehören zu den von den Civilbehörden zu tragenden Kosten auch diejenigen der **Verpflegung** der

II. Die Militärstrafgerichtsordnung enthält außerdem noch eine Reihe spezieller Bestimmungen über Fälle von Rechtshülfe der bürgerlichen Behörden, insbesondere Gerichte in militärgerichtlichen Strafsachen, und zwar handelt es sich

1. um Fälle, in denen die bürgerlichen Behörden ohne Ersuchen der Militärgerichtsbehörden, sei es ex officio oder auf Ansuchen des Beschuldigten oder eines sonstigen Prozeßbetheiligten in Thätigkeit treten;

2. um Fälle, wo es dem Ermessen der Militärgerichte überlassen ist, die bürgerlichen Behörden um Vornahme bestimmter Untersuchungshandlungen zu ersuchen;

3. um Fälle, wo die Militärgerichtsbehörden gesetzlich verpflichtet sind, die Mitwirkung bürgerlicher Behörden zu bestimmten Prozeßhandlungen in Anspruch zu nehmen.

Die oben unter I. dargestellten allgemeinen Grundsätze über das Rechtshülfeverfahren gelten jedoch für diese Fälle von Rechtshülfe nur insoweit, als es sich um Rechtshülfe bürgerlicher Gerichte handelt.

Im Einzelnen kommen folgende Bestimmungen in Betracht:

Zu 1 oben: Rechtshülfe ex officio.

a) Für die Anbringung von Anzeigen strafbarer Handlungen und Anträge auf Strafverfolgung gegen der Militärgerichtsbarkeit unterstellte Personen seitens Civilpersonen sind die Vorschriften des bürgerlichen Rechts maßgebend (§ 151 Abs. 2 M.St.G.O.). Es können also solche Anzeigen bei der Staatsanwaltschaft, den Behörden und Beamten des Polizei- und Sicherheitsdienstes und den Amtsgerichten mündlich oder schriftlich, Strafanträge bei Gerichten oder Staatsanwaltschaften schriftlich oder zu Protokoll, bei andern Behörden nur schriftlich angebracht werden (§ 156 St.P.O.).[1]

Solche Anzeigen und Strafanträge sind von der betreffenden Civilbehörde sofort an die vorgesetzte Dienstbehörde des Beschuldigten abzugeben, d. h. entweder an den nächsten Disziplinarvorgesetzten oder aber an den zuständigen Gerichtsherrn[2]) (§ 153 Abs. 1 M.St.G.O.).

Gefangenen (Ges. vom 26. Mai 1824 Reg.Bl. S. 381). — Prämien für die Einlieferung von Deserteuren werden im Reichsgebiet nicht mehr bezahlt, vgl. Pr. A.V.Bl. 1885 S. 289; Württ.M.V.Bl. 1886 S. 12, 24. — Bei Ergreifung flüchtig gewordener Mil.-Personen im Ausland findet eine Erstattung der Unterhaltungskosten und Gewährung von Fangprämien insoweit statt, als dies durch Konventionen oder sonst vereinbart worden ist. Friedensbes.-Vorschr. S. 142, vgl. auch hinsichtlich der Fahnenflüchtigen der Kais. Marine Marinebes.-Vorschr. S. 118.

[1]) Eine Verweisung der Antragsteller an die Militärbehörden ist also nicht zulässig. — Ob auch die Anbringung von Anzeigen x. beim Mil.-Gerichtsschreiber zulässig ist, erscheint mindestens fraglich.

[2]) Ueber den zuständigen Gerichtsherrn vgl. oben S. 26 Anm. 8.

b) Die unter a) genannten Civilbehörden haben in allen Fällen, wo eine strafbare Handlung einer unter Militärgerichtsbarkeit stehenden Person zu ihrer Kenntniß kommt, bis zum Einschreiten des Gerichtsherrn alle keinen Aufschub duldenden Anordnungen zu treffen, um die Verdunkelung der Sache zu verhüten (also z. B. Beschlagnahme, Durchsuchung, vorläufige Festnahme.[1]) Erscheint die schleunige Vornahme einer richterlichen Untersuchungshandlung erforderlich, so ist sie von dem nächsten Kriegsgerichtsrath oder Amtsrichter auf Ersuchen des militärischen Vorgesetzten (also nicht nothwendig Gerichtsherrn) oder der bürgerlichen Strafverfolgungsbehörden, äußersten Falles ohne solches Ersuchen vorzunehmen. Die Verhandlungen sind sofort an den zuständigen Gerichtsherrn abzugeben (§. 153 Abs. 3 M.St.G.O.).[2])

c) Besondere Bestimmungen trifft die Militärstrafgerichtsordnung hinsichtlich der Anzeigepflicht und Feststellung des Thatbestandes

---

[1]) Hinsichtlich des Rechts der Polizei- und Sicherheitsbeamten zur vorläufigen Festnahme der unter voller Mil.-Gerichtsbarkeit stehenden Personen (also einschließlich der Offiziere z. D. und der Mil.-Beamten) gilt nach §. 180 M.St.G.O. Folgendes:

I. Unbeschränkt steht den genannten Beamten dieses Recht gegen alle genannten Mil.-Personen (ohne Rücksicht auf Dienstgrad und Rang) zu, wenn
   1. entweder
      a) ein Verbrechen den Gegenstand der Untersuchung bildet, oder
      b) Fluchtverdacht oder Kollusionsgefahr vorliegt, oder
      c) Thatsachen vorliegen, aus denen zu schließen ist, daß der Beschuldigte seine Freiheit zur Begehung neuer strafbarer Handlungen mißbrauchen werde;

   und wenn
   2. zu einer dieser Voraussetzungen hinzutritt, daß Gefahr im Verzug und ein militärischer Vorgesetzter des Beschuldigten oder eine militärische Wache nicht erreichbar ist.

II. Treffen diese Voraussetzungen nicht gleichzeitig zu, so kann die Festnahme der genannten Mil.-Personen auch durch Polizeibeamte nur unter denselben Voraussetzungen erfolgen, unter denen sie Jedermann zusteht, nämlich
   1. bei im Offiziersrang stehenden und in entsprechender Uniform befindlichen Angehörigen der bewaffneten Macht, wenn sie wegen eines Verbrechens, bei sonstigen Mil.-Personen, wenn sie wegen eines Verbrechens oder Vergehens auf frischer That betroffen oder verfolgt werden,

   und wenn außerdem
   2. der auf frischer That betroffene bezw. Verfolgte der Flucht verdächtig oder seine Persönlichkeit nicht sofort feststellbar ist.

[2]) Eine dem Art. 12 Bayr.M.St.G.O. entsprechende Bestimmung für den umgekehrten Fall, daß innerhalb des militärischen Machtbereichs strafbare Handlungen verübt werden, ohne daß Anhaltspunkte für die Thäterschaft einer unter Mil.-Gerichtsbarkeit stehenden Person vorliegen, enthält die M.St.G.O. nicht. Es wird jedoch in solchen Fällen der bisherigen Praxis entsprechend den Militärbehörden gleichfalls die Vornahme der zur Sicherung des Beweises erforderlichen Maßregeln, eventuell auch richterlicher Untersuchungshandlungen obliegen, die weitere Verfügung aber, wenn sich kein Verdacht gegen eine Mil.-Person ergiebt, den bürgerlichen Gerichten zukommen.

für die Fälle, in denen aus Anlaß eines Todesfalls Ermittelungen erforderlich sind:

α) Für Polizei- und Gemeindebehörden besteht nach §. 154 Militärstrafgerichtsordnung die Pflicht sofortiger Anzeige an die nächste Militärbehörde, wenn Anhaltspunkte dafür vorhanden sind, daß eine aktive Militärperson[1]) (außerhalb militärischer Dienstgebäude) eines nicht natürlichen Todes gestorben ist, oder wenn der Leichnam einer unbekannten Militärperson gefunden wird.

Die Beerdigung darf in solchen Fällen nur auf Grund einer schriftlichen Genehmigung der Militärbehörde (d. h. des zuständigen richterlichen Militärjustizbeamten) oder im Nothfalle des Amtsrichters erfolgen.

β) Der Ertheilung dieser Erlaubniß hat aber, wenn der Tod der Militärperson nicht auf natürliche Weise erfolgt ist (auch ohne daß Verdacht für ein strafbares Verschulden eines Dritten vorliegt) nach §. 223 Militärstrafgerichtsordnung stets eine gerichtliche Leichenschau vorauszugehen, welche in Ermangelung eines Kriegsgerichtsraths[2]) durch den zunächst erreichbaren Amtsrichter,[3]) sei es auf Ersuchen des Gerichtsherrn oder in dringenden Fällen jedes militärischen Befehlshabers, sei es äußersten Falles ohne solches Ersuchen (vgl. §. 153 Abs. 3 Militärstrafgerichtsordnung) vorzunehmen ist. Auch sind die Umstände, unter denen die Leiche gefunden und der Tod erfolgt ist (erforderlichenfalls mittels Ortsbesichtigung) sorgfältig zu untersuchen und zu Protokoll zu verzeichnen (§. 223 Abs. 3 cit.).

Der Zuziehung eines Arztes zur Leichenschau bedarf es dann nicht, wenn den Umständen nach die Annahme begründet ist, daß der Tod durch Selbstmord, Unfall oder sonst ohne Verschulden eines Anderen erfolgt ist (§. 223 Abs. 2 cit.)

Die weiteren Ermittelungen, insbesondere betreffend die Motive des Selbstmordes, kommen dem Gerichtsherrn zu.[4])

γ) Besteht der Verdacht, daß an dem Tod einer aktiven Militärperson eine unter bürgerlicher Strafgerichtsbarkeit

---

[1]) Vgl. über diesen Begriff oben S. 12.

[2]) Die Bewirkung der Leichenschau durch einen Gerichtsoffizier ist gesetzlich ausgeschlossen (Begr. S. 126).

[3]) Als zunächst erreichbarer Amtsrichter gilt gemäß §. 167 G.V.G. der örtlich zuständige; nur im Fall seiner Verhinderung kann auch ein anderer eintreten. (Begr. S. 126).

[4]) Welchem Gerichtsherrn, dem niederen oder höheren, sagt die M.St.G.O. nicht ausdrücklich. Aus der Ausschließung des Gerichtsoffiziers von der Mitwirkung bei der Leichenschau (vgl. Anm. 2 oben) folgt wohl die ausschließliche Zuständigkeit des höheren Gerichtsherrn, auch in zweifellosen Selbstmordfällen.

stehende Person oder umgekehrt am Tod einer Civilperson eine unter Militärgerichtsbarkeit stehende Person in strafbarer Weise betheiligt sei, so besteht nach §. 155 Militärstrafgerichtsordnung für Militär- und Civilgerichtsbehörden eine gegenseitige Anzeigepflicht.

Die Feststellung des Thatbestandes (also insbesondere Leichenschau, Leichenöffnung, Augenschein) liegt in solchen Fällen ohne Rücksicht auf die Eigenschaft des Verstorbenen als Civil- oder Militärperson den Behörden derjenigen Gerichtsbarkeit ob, welcher der dringend Verdächtige bezw. bei Betheiligung Mehrerer[1]) (z. B. bei einer Schlägerei zwischen Civil- und Militärpersonen) der Hauptbelastete unterstellt ist.

Ist jedoch der vorliegende Verdacht kein dringender, oder ist unter mehreren Verdächtigen keiner der Hauptbelastete, so verbleibt die Thatbestandsfeststellung der Militär- oder Civilgerichtsbehörde, je nachdem der Verstorbene eine aktive Militärperson war oder nicht. Auch in diesem Fall ist jedoch die Gerichtsbarkeit, welcher hienach die Feststellung des Thatbestands zukommt, zur Anzeige an die andere Gerichtsbarkeit verpflichtet, sobald auch nur Anhaltspunkte für die strafbare Mitbetheiligung einer der anderen Gerichtsbarkeit unterstellten Person an dem Tod vorliegen.[2])

Auch hat im letztgenannten Fall die mit der Feststellung des Thatbestandes befaßte Behörde der anderen Gerichtsbarkeit thunlichst Gelegenheit zu geben, zur Theilnahme an der Leichenschau, Leichenöffnung und Ortsbesichtigung einen ihrer richterlichen Beamten abzuordern, hinsichtlich dessen dann das oben unter I, 3 hinsichtlich des zur Theilnahme an Untersuchungshandlungen des ersuchten Gerichts abgeordneten Offiziers Gesagte gelten muß.[3])

d) Auch wenn hienach die Feststellung des Thatbestandes der Militärgerichtsbehörde zukommt, kann unter den sub b

---

[1]) Mitthäterschaft i. S. des §. 47 M.St.G.B. ist nicht erforderlich; Komm.-Ber. S. 55.

[2]) So dürften die nicht ganz klaren Bestimmungen des §. 155 M.St.G.O. auszulegen sein. Aehnlich Weiffenbach S. 71b.

[3]) Die Begr. zu §. 155 M.St.G.O. (S. 118) bezeichnet zwar als Zweck dieses §. „Vorsorge zu treffen, daß den Mil.- und Civilbehörden bei der Feststellung des Thatbestands in solchen Fällen das entsprechende Maß des Einflusses gesichert werde, je nachdem die Strafverfolgung sich gegen Personen richtet oder doch muthmaßlich zu richten hat, die der Mil.-Gerichtsbarkeit, oder solche, die der Civilgerichtsbarkeit unterstehen.“ Hieraus dürfte jedoch kaum zu schließen sein, daß der nach §. 155 zur Theilnahme abgeordnete richterliche Beamte förmliches Mitglied des mit Feststellung des Thatbestands befaßten Gerichts sei, denn gemischte Gerichte i. S. der Pr.M.St.G.O. sind der M.St.G.O. wie der R.St.P.O. fremd.

genannten Voraussetzungen der Amtsrichter auf Ersuchen oder von Amtswegen in die Lage kommen, die Leichenschau und Leichenöffnung ebenso wie etwaige sonstige keinen Aufschub duldende Untersuchungshandlungen vornehmen zu müssen, insbesondere dann, wenn ein Kriegsgerichtsrath nicht ortsanwesend oder nicht rasch genug erreichbar ist. Für die Vornahme der Leichenschau und Leichenöffnung sind in diesem Fall (ebenso wie in dem oben zu *β* genannten) die Vorschriften der §§. 224, 226—228 Militärstrafgerichtsordnung (nicht diejenigen des §. 87 der bürgerlichen Strafprozeßordnung) maßgebend.

d) In gewissen Fällen ist nach der Militärstrafgerichtsordnung Beschuldigten, sofern sie nicht zum aktiven Heere gehören,[1]) freigestellt, einzelne prozeßrechtlich wirksame Erklärungen auch zu Protokoll eines Amtsgerichts abzugeben:

α) Nach §§. 125 Abs. 2, 130, 132 Militärstrafgerichtsordnung können solche Beschuldigte außerhalb der Hauptverhandlung Ablehnungsgesuche gegen Richter und Untersuchungsführer (d. h. Kriegsgerichtsräthe und Gerichtsoffiziere) zu Protokoll des Gerichtsschreibers des Amtsgerichts (d. h. wohl des Amtsgerichts des Wohnsitzes) und wenn sie sich nicht auf freiem Fuße befinden, auch zu Protokoll desjenigen Amtsgerichts, in dessen Bezirk das Gefängniß liegt, anbringen.[2])

β) Ferner können Beschuldigte der oben genannten Art, wenn sie sich nicht auf freiem Fuß befinden, noch folgende Erklärungen zu Protokoll des Amtsgerichts, in dessen Bezirk das Gefängniß liegt, anbringen:

gemäß §. 269 Abs. 2 Militärstrafgerichtsordnung Anträge auf Gestellung oder Ladung von Zeugen oder Sachverständigen oder auf Herbeischaffung anderer Beweismittel zur Hauptverhandlung, welche der Angeklagte in der Zeit zwischen Anklageerhebung und Hauptverhandlung unter Angabe der Thatsachen, über welche Beweis erhoben werden soll, an den Gerichtsherrn stellen kann;[3])

---

[1]) Vgl. über solche Fälle z. B. S. 16, 35, 41 ff., 45 oben.

[2]) Wenn auch das Gesetz in letzterem Fall sagt: „zu Protokoll des Amtsgerichts" (nicht, wie im zuerst genannten Fall „zu Protokoll des Gerichtsschreibers"), so ist doch auch hier die Mitwirkung des Amtsrichters nicht nothwendig, vielmehr genügt die Aufnahme eines Protokolls durch den Gerichtsschreiber. Besondere Förmlichkeiten schreibt das Gesetz für solche Protokolle nicht vor, insbesondere ist die Unterschrift durch die erklärende Person kein wesentliches Erforderniß, vgl. Löwe, Note 10b und c zu Buch I der St.P.O. (S. 202) Note 6 und 7 zu §. 156 St.P.O.

[3]) Oder durch seinen Vertheidiger stellen lassen kann (§§. 337, 338 M.St.G.O.).

gemäß §. 369 Abs. 3 Militärstrafgerichtsordnung die auf die Einlegung oder Zurücknahme von Rechtsmitteln (Rechtsbeschwerde, Berufung und Revision)[1] bezüglichen Erklärungen;

gemäß §. 442 Abs. 3, ferner der Antrag auf Wiederaufnahme des Verfahrens.

In allen genannten Fällen ist das aufgenommene Protokoll unverzüglich dem zuständigen Militärgericht (Gerichtsherrn) mitzutheilen.

Zu 2. oben: Fakultative Inanspruchnahme der Rechtshülfe bürgerlicher Behörden.

Hierher gehören außer den unter I. oben genannten Fällen des §. 160 Militärstrafgerichtsordnung noch weiter folgende speziellen Bestimmungen:

a) Die §§. 256, 257 Militärstrafgerichtsordnung, wonach die gesetzlich vorgeschriebene Bekanntmachung der Anklageverfügung und Anklageschrift an den Beschuldigten, gleichviel ob er dem aktiven Heere angehört oder nicht, sowie die hiebei an den Beschuldigten zu richtende Aufforderung, sich rechtzeitig zu erklären, ob und welche Anträge er in Bezug auf seine Vertheidigung zu stellen habe, durch Ersuchen eines Amtsrichters herbeigeführt werden kann.

Ueber die Bekanntmachung und die Aufforderung sowie über die vom Beschuldigten abgegebene Erklärung ist ein Protokoll aufzunehmen.[2]

b) Die §§. 270, 271 Militärstrafgerichtsordnung, wonach die kommissarische Vernehmung eines am Erscheinen in der Hauptverhandlung verhinderten Zeugen oder Sachverständigen sowie ein gerichtlicher Augenschein unter denselben Voraussetzungen wie nach §. 222 Strafprozeßordnung durch Ersuchen eines Amtsrichters herbeigeführt werden kann.

Für das hiebei einzuhaltende Verfahren gelten dieselben Bestimmungen, wie sie der §. 223 Strafprozeßordnung für das bürgerliche Strafverfahren giebt, nur daß hinsichtlich der Benachrichtigung an Stelle der Staatsanwaltschaft der Gerichtsherr

---

Im Verfahren vor den Standgerichten ist jedoch die Vertheidigung gesetzlich ausgeschlossen, mit Ausnahme des Falls des §. 217 M.St.G.O.

[1]) Rechtsbeschwerde ist nur in den im Gesetz ausdrücklich zugelassenen Fällen zulässig (§. 373 M.St.G.O.). — Berufung findet statt gegen die Urtheile der Standgerichte und der Kriegsgerichte in 1. Instanz (§. 378 M.St.G.O.). Revision gegen die Urtheile der Oberkriegsgerichte, soweit es sich nicht um ein nur mit Arrest bedrohtes militärisches Vergehen oder eine Uebertretung handelt (§. 397 M.St.G.O.). Im Feld und an Bord tritt an Stelle der Berufung und Revision die Bestätigung durch den Gerichtsherrn (§. 419 M.St.G.O.).

[2]) In diesem Fall ist das Protokoll vom Amtsrichter, nicht vom Gerichtsschreiber allein aufzunehmen.

tritt, und daß die Beeidigung auch dann unterbleiben kann, wenn erhebliche Bedenken dagegen obwalten.[1])

Darüber, ob die Beeidigung im einzelnen Fall geboten ist oder nicht, steht lediglich dem ersuchenden Militärgericht die Entscheidung zu (vgl. oben S. 86).

c) Nach §. 142 Militärstrafgerichtsordnung können militärgerichtliche Zustellungen an Personen, die nicht zu den aktiven Militärpersonen gehören, auch durch Ersuchen der Staatsanwaltschaft erfolgen, welche dann das Weitere wie im Fall des §. 36 Strafprozeßordnung zu veranlassen hat.

d) Nach §. 161 Militärstrafgerichtsordnung sind die Behörden und Beamten des Polizei- und Sicherheitsdienstes verpflichtet, Ersuchen des Untersuchungsführers (Kriegsgerichtsraths und Gerichtsoffiziers) um Ausführung einzelner Maßregeln oder um Vornahme von Ermittelungen zu genügen.

e) Nach §. 160 Militärstrafgerichtsordnung kann zu Ermittelungszwecken von allen öffentlichen Behörden Auskunft verlangt werden.

Ueber die Frage, ob und unter welchen Voraussetzungen Behörden und Beamte verpflichtet sind, dem Richter (auch den Militärgerichten) über amtliche Dinge auf Grund ihrer Akten Auskunft zu geben, trifft der oben genannte §. 160 Militärstrafgerichtsordnung keine Bestimmung; er setzt vielmehr die Verpflichtung der Behörde, dem Richter Auskunft zu geben, als begründet voraus und bestimmt nur, daß, soweit diese Verpflichtung nach den für die einzelnen Behörden geltenden Bestimmungen überhaupt besteht, auch der Untersuchungsführer diese Auskunft fordern darf.[2])

Auch darüber, inwieweit die Herausgabe von Akten von anderen Behörden gefordert werden kann, ist in der Militärstrafgerichtsordnung ebensowenig als in der Strafprozeßordnung Bestimmung getroffen.[3])

---

[1]) Nach der Begr. zu §§. 258, 286 Entw. sollte hierdurch dem richterlichen Ermessen bei der Frage, ob eine Beeidigung im einzelnen Fall als zulässig zu erachten sei, ein angemessener Spielraum eingeräumt werden. Nachdem aber der §. 299 Abs. 4 M.St.G.O. (286 Entw.) in der Kommission dahin abgeändert worden ist, daß die Beeidigung eines Zeugen in der Hauptverhandlung nur dann unterlassen werden darf, wenn dessen Aussage nach der einstimmigen Ueberzeugung des Gerichts sich als offenbar unglaubwürdig oder als unerheblich darstellt und im letzteren Fall die Beeidigung nicht beantragt ist, haben auch die Worte „oder erhebliche Bedenken dagegen obwalten" in §. 270 M.St.G.O. einen entsprechend anderen Sinn erhalten, vgl. Mittermeier, die M.St.G.O. vom 1. Dezember 1898 S. 82 Anm. 116a.

[2]) Vgl. Löwe Note 6, 7 zu §. 96 St.P.O. Birkmeyer S. 554. Selbstverständlich ist diese Bestimmung deshalb nicht, weil der Untersuchungsführer nicht nothwendig Richter ist, vielmehr auch Gerichtsoffizier sein kann.

[3]) Es sind also hierfür die landesgesetzlichen Bestimmungen maßgebend. Vgl. für Bayern J.M.Verf. vom 6. Juni 1880 (J.M.Bl. S. 224).

Die Militärstrafgerichtsordnung enthält auch keine dem §. 169 Gerichtsverfassungsgesetzes entsprechende Bestimmung. Dagegen bestimmt der §. 231 Militärstrafgerichtsordnung ebenso wie der §. 96 Strafprozeßordnung, daß die Vorlegung oder Auslieferung von Akten oder anderen in dienstlicher Verwahrung befindlichen Schriftstücken und Gegenständen durch Behörden, öffentliche Beamte oder Personen des Soldatenstandes nicht gefordert werden darf, wenn deren oberste Dienstbehörde erklärt, daß das Bekanntwerden dieser Gegenstände oder des Inhalts dieser Akten oder Schriftstücke dem Wohle des Reichs oder eines Bundesstaats Nachtheil bereiten würde.

In den Fällen c—e oben, ist nach dem oben S. 88 Gesagten bei Ablehnung des Ersuchens durch die ersuchte Behörde nicht die im §. 12 Einführungsgesetzes zur Militärstrafgerichtsordnung genannnte Beschwerde an das Oberlandesgericht, sondern lediglich die Beschwerde im Dienstaufsichtsweg zulässig.

Zu 3. oben: Obligatorische Inanspruchnahme der Rechtshüfe bürgerlicher Behörden.

In nachstehenden Fällen sind die Militärgerichte bei Vornahme einer prozeßrechtlichen Handlung an die Mitwirkung der bürgerlichen Gerichte bezw. Behörden gebunden:

a) Die Festsetzung und Vollstreckung der sog. Zwangsmaßregeln gegen (durch Zustellung geladene) Zeugen und Sachverständige, welche nicht den ordentlichen Militärgerichtsstand haben,[1]) wegen unentschuldigten Ausbleibens und Zeugniß- bezw. Eidesverweigerung im militärgerichtlichen Verfahren kann nur durch den Amtsrichter, in dessen Bezirk der Zeuge seinen Wohnsitz oder in Ermangelung eines solchen seinen gewöhnlichen Aufenthaltsort hat, auf Ersuchen des Militärgerichts erfolgen (§§. 186 Abs. 3, 203 Abs. 3, 208, 213, 230 Militärstrafgerichtsordnung).

Die zulässigen Maßregeln sowie ihre gesetzlichen Voraussetzungen sind im wesentlichen dieselben wie im bürgerlichen Strafverfahren (vgl. §§. 50, 69, 77 Strafprozeßordnung) jedoch mit der Abweichung, daß nach ausdrücklicher Bestimmung des §. 186 Abs. 1 Militärstrafgerichtsordnung wegen Ausbleibens eines Zeugen 2c. in demselben Ermittelungs- oder Hauptverfahren je nur eine zweimalige Bestrafung eintreten darf,[2]) und daß durch die allgemeinere Fassung des §. 186 Abs. 4 Militärstrafgerichtsordnung gegenüber dem §. 50 Abs. 4 Strafprozeßordnung („Maßregeln" anstatt „Strafe") außer

---

[1]) Formlose Ladung eines Zeugen 2c., wie sie der §. 185 Abs. 2 M.St.G.O. zuläßt, genügt nicht zur Bestrafung.

[2]) Was nach §. 186 St.P.O. kontrovers ist.

Zweifel gestellt ist, daß auch die Verurtheilung in die Kosten sowie die Anordnung der Zwangshaft im Falle der §§. 203, 213 Militärstrafgerichtsordnung durch den ersuchten Amtsrichter zu erfolgen hat.[1])

Gegen die Verfügungen des Amtsrichters ist die Beschwerde gemäß §§. 346 ff. Strafprozeßordnung zugelassen (§. 204 Militärstrafgerichtsordnung).

b) Die Vorführung der zu a) bezeichneten Zeugen vor eine Militärgerichtsbehörde ist durch Ersuchen der örtlich zuständigen Staatsanwaltschaft oder Polizeibehörde zu bewirken (§. 186 Abs. 4 Militärstrafgerichtsordnung).

c) Anordnung und Vollzug von Beschlagnahmen und Durchsuchungen, welche nicht bei aktiven Militärpersonen oder bei den in §. 1 Z. 3, 5, 6 und 7 Militärstrafgerichtsordnung genannten Personen[2]) vorzunehmen sind, kann nur durch Ersuchen des zuständigen Amtsgerichts, bei Gefahr im Verzug auch der Staatsanwaltschaft oder der Hilfsbeamten der Staatsanwaltschaft (vgl. §. 153 Gerichtsverfassungsgesetzes) erfolgen.

Für die Zulässigkeit und das Verfahren beim Vollzug der getroffenen Anordnung sind die Vorschriften der bürgerlichen Strafprozeßordnung maßgebend.[3]) In allen Fällen ist die Militärbehörde auf Verlangen zum Vollzug hinzuzuziehen §. 239 Militärstrafgerichtsordnung.

Im Feld und an Bord bleiben diese Bestimmungen außer Anwendung und sind für Anordnung und Vollzug von Beschlagnahmen und Durchsuchungen allgemein die Vorschriften des §. 238 Abs. 1—3 Militärstrafgerichtsordnung maßgebend.

Hervorzuheben ist noch, daß die Festsetzung und Vollstreckung von Ordnungsstrafen gegen Civilpersonen (Zeugen, Sachverständige, Rechtsanwälte und bei der Verhandlung nicht betheiligte Personen), welche sich in einer militärgerichtlichen Strafsache in der Sitzung einer Ungebühr schuldig machen, nach §. 290 Militärstraf-

---

[1]) Vgl. Begr. S. 65. Ueber das dem Amtsrichter hinsichtlich des Vorhandenseins der Voraussetzungen der Zwangsmaßregeln in solchen Fällen zustehende Prüfungsrecht vgl. das oben S. 85 f. Gesagte

[2]) Es sind dies die oben S. 16 f. unter Z. 3, 5, 6, 7 aufgezählten Personen (vgl. §. 288 Abs. 3 M.St.G.O.). — Handelt es sich um Beschlagnahme von Briefen 2c. auf der Post bezw. von Telegrammen auf den Telegraphenanstalten (§. 233 M.St.G.O.), so kommt es für die Zuständigkeit darauf an, ob der Beschuldigte zu einer der oben genannten Personenklassen gehört oder nicht (vgl. §. 238 Abs. 1 M.St.G.O.).

[3]) §§. 99—111 St.P.O. (Beschwerde gemäß §. 346 St.P.O.). Hienach steht z. B. wenn der Beschuldigte ein Offizier z. D. ist, die Anordnung der Beschlagnahme von Postsendungen 2c. der Staatsanwaltschaft nur unter den Voraussetzungen des §. 100 St.P.O. zu (vgl. Komm.Ber. S. 77). Ferner ist abweichend von §. 285 M.St.G.O. die Durchsuchung der Person eines Nichtverdächtigen zulässig (§. 103 St.P.O. und hiezu Löwe Note 2).

gerichtsordnung den Militärgerichten ohne Vermittelung der Civilgerichte zusteht. Die zulässigen Strafen sind dieselben wie nach §. 179 Reichsgerichtsverfassungsgesetzes im bürgerlichen Strafverfahren.[1])

Wird eine strafbare Handlung in der Sitzung verübt, so gilt nach §. 291 Militärstrafgerichtsordnung dasselbe wie nach §. 185 Reichsgerichtsverfassungsgesetzes; das Militärgericht kann in solchen Fällen die vorläufige Festnahme des Thäters verfügen, auch wenn derselbe eine Civilperson ist.

C. Rechtshülfe der militärgerichtlichen Stellen gegenüber bürgerlichen Gerichtsbehörden.

I. Für die Rechtshülfe im engeren Sinne (d. h. im Verhältniß zwischen Civilgerichtsbehörden und militärgerichtlichen Stellen) gelten nach §. 13 Einführungsgesetzes zur Militärstrafgerichtsordnung folgende allgemeine Bestimmungen:

1. Das Ersuchen um Rechtshülfe ist von den bürgerlichen Gerichtsbehörden an das Gericht derjenigen Kommandobehörde zu richten, zu deren Befehlsbereich die in Frage kommende Militärperson gehört. Es wird dies in der Regel das Gericht des betr. Regiments bezw. selbständigen Bataillons sein oder, wenn die betreffende Militärperson keinem bestimmten Regiments- 2c. Verband angehört, das Gericht der Division, in deren Bezirk sich dieselbe befindet (§. 30 M.St.G.O., §. 9 E.G.).[2])

2. Das Ersuchen darf nur abgelehnt werden, wenn die Erledigung außerhalb des Zuständigkeitsbereichs des angegangenen Gerichtsherrn liegt und eine Abgabe an die zuständige Stelle unthunlich erscheint, oder wenn die vorzunehmende Handlung nach dem Recht der ersuchten Stelle verboten ist.[3])

---

[1]) Da die M.St.G.O. auffallenderweise für die Bestrafung einer außerhalb der Hauptverhandlung begangenen Ungebühr keine dem §. 182 G.V.G. entsprechende Bestimmung enthält, so wird nichts übrig bleiben, als in dieser Hinsicht die landesgesetzlichen Bestimmungen als weiter geltend zu erachten. Solche sind ergangen in Bayern durch Art. 80, 81 des Ges. vom 18. August 1879. Soweit keine solchen Bestimmungen bestehen, könnte eine Bestrafung von Civilpersonen wegen Ungebühr wohl nur mittels Ersuchens der Civilbehörden erfolgen, ohne daß jedoch eine gesetzliche Verpflichtung der letzteren besteht, dem Ersuchen stattzugeben. Vgl. auch Delius, Archiv für öffentl. Recht Bd. 9 S. 269.

[2]) Die Mil.Gerichte führen nach außen hin je nach der Dienststellung des Gerichtsherrn die Bezeichnung:

Gericht des . . . . Regiments
Gericht der . . . . Division 2c.

(§. 9 E.G. zur M.St.G.O.).

[3]) Die von Mil.-Gerichten zu leistende Rechtshülfe kann sich bei dem Charakter der Mil.-Gerichte als Sondergericht nur auf Personen und Sachen erstrecken, welche zum mil. Machtbereich gehören, während umgekehrt die von den Civilgerichten unter sich oder den Mil.-Gerichten zu leistende Rechtshülfe sich auch auf die unter Mil.-Gerichtsbarkeit stehenden Personen erstrecken kann. Daraus folgt aber nicht, daß die militärgerichtlichen Stellen ein an sich zu ihrem Zuständigkeits-

Die ersuchte militärgerichtliche Stelle hat hienach nur die Zulässigkeit der vorzunehmenden Amtshandlung **in abstracto** nach dem für sie geltenden Rechte zu prüfen.[1])

3. Beschwerden bürgerlicher Gerichtsbehörden über die Ablehnung des Ersuchens seitens eines Militärgerichts sind an das Gericht des höheren Gerichtsherrn d. h. in der Regel des Divisionskommandeurs, bezw. wenn die Ablehnung von diesem ausgeht, des kommandirenden Generals, in letzter Instanz an das Reichsmilitärgericht zu richten. (§. 13 Abs. 1 E.G.) Zur Entscheidung ist der betreffende Gerichtsherr unter Mitwirkung eines Militärjustizbeamten zuständig.

Die Frage, ob das Reichsmilitärgericht erst dann angerufen werden kann, wenn die Beschwerde von sämmtlichen gerichtsherrlichen Zwischeninstanzen bis zum höchsten Gerichtsherrn (dem kommandirenden General) abgewiesen ist, oder schon dann, wenn der nächsthöhere Gerichtsherr (z. B. Divisionskommandeur) erfolglos angerufen ist, dürfte im ersteren Sinne zu entscheiden sein, da das Gesetz für eine Abweichung vom regelmäßigen Instanzenzug bei dieser Beschwerde keinerlei Anhaltspunkte bietet.[2])

4. Kosten der gewährten Rechtshülfe werden auch hier nicht erstattet (§. 13 Abs. 2 E.G.).

II. Analog den oben unter B, II, 3, genannten Bestimmungen der Militärstrafgerichtsordnung enthält auch die bürgerliche Strafprozeßordnung einzelne spezielle, von der Militärstrafgerichtsordnung unberührt gebliebene Bestimmungen, wonach die bürgerlichen Gerichtsbehörden in gewissen Fällen die Mitwirkung der militärischen Behörden zur Bewirkung prozessualer Handlungen in Anspruch zu nehmen verpflichtet sind. Es sind dies folgende Fälle:

---

bereich gehöriges Rechtshülfeersuchen eines Civilgerichts deshalb ablehnen könnten, weil am selben Orte sich ein (gleichfalls zuständiges) Amtsgericht befindet, so wenig als die bürgerlichen Gerichte berechtigt sind, ein entgegen den oben S. 85 Anm. 1 genannten Bestimmungen an sie gerichtetes Rechtshülfeersuchen eines Mil.-Gerichts schon deshalb abzulehnen, weil dasselbe an eine am selben Orte befindliche militärgerichtliche Stelle hätte gerichtet werden können. Soweit dagegen die Civilgerichte zur Vornahme einer Untersuchungshandlung selbst im bürgerlichen Strafverfahren der Mitwirkung der Mil.-Behörden sich zu bedienen gesetzlich verpflichtet sind, können sie selbstverständlich auch nicht um Vornahme dieser Handlung von einem andern Mil.-Gericht ersucht werden (z. B. bei Durchsuchung in einem milit. Dienstgebäude vgl. unten S. 100 Z. 3).

[1]) Dagegen wird ihr gegenüber dem Ersuchen einer Staatsanwaltschaft dasselbe Prüfungsrecht zukommen müssen, wie es dem Amtsrichter nach §. 160 St.P.O. und 160 M.St.G.O. gegenüber einem solchen Ersuchen der Staatsanwaltschaft oder des Gerichtsherrn im Ermittelungsverfahren zusteht (vgl. S. 86.)

[2]) Aus der abweichenden Bestimmung des Instanzenzugs in §. 12 E.G. (vgl. S. 87 oben) folgt nichts für die zweitgenannte Auffassung, da die Bestimmung des §. 12 cit. lediglich mit Rücksicht auf den §. 160 G.V.G. getroffen wurde, der für die Rechtshülfebeschwerde im Verhältniß von Civilgerichten untereinander denselben Instanzenzug vorschreibt (Komm.Ber. S. 148).

1. Die Ladung aktiver Personen des Soldatenstandes (also nicht auch der Militärbeamten sowie der Offiziere z. D.) als Zeugen oder Sachverständige in bürgerlichen Strafsachen, sowie die zwangsweise Vorführung aktiver Militärpersonen (also auch der Militärbeamten) vor bürgerliche Gerichte erfolgt durch Ersuchen der Militärbehörde[1]) (§§. 48 Abs. 2, 50 Abs. 4, 72 St.P.O.). Dasselbe muß auch dann gelten, wenn aktive Militärpersonen als Beschuldigte vor ein Civilgericht zu laden sind.

2. Die Festsetzung und Vollstreckung der Strafe wegen unentschuldigten Ausbleibens oder Zeugniß- bezw. Eidesverweigerung gegen Zeugen und Sachverständige, welche Militärpersonen des aktiven Heeres sind (also einschließlich der Militärbeamten), erfolgt auf Ersuchen durch das Militärgericht, und zwar ist nach §. 19 Einführungsgesetzes zur Militärstrafgerichtsordnung zu dieser Straffestsetzung ꝛc. zuständig der höhere Gerichtsherr (Divisionskommandeur), zu dessen Befehlsbereich die betreffende Militärperson gehört, unter Mitwirkung eines richterlichen Militärjustizbeamten (§§. 50, 69, 77, 95 Abs. 2 St.P.O.).[2])

Nach der oben unter I, 2 genannten Bestimmung des §. 13 Einführungsgesetzes zur Militärstrafgerichtsordnung würde das ersuchte Militärgericht hiebei nur über die abstrakte Zulässigkeit der Anwendung von Zwangsmaßregeln sowie über die Höhe der festzusetzenden Strafe, nicht auch darüber zu befinden haben, ob das Ausbleiben des Zeugen ꝛc. im speziellen Fall als entschuldigt, die Zeugniß- bezw. Eidesverweigerung als berechtigt anzusehen sei oder nicht. Allein aus den Verhandlungen der Reichstagskommission über den dem §. 50 Strafprozeßordnung entsprechenden §. 345 Civilprozeßordnung[3]) sowie aus der Erwägung, daß das Erscheinen oder Nichterscheinen einer Militärperson vor Gericht wesentlich mit dienstlichen Verhältnissen zusammenhängt, und daß daher zur Beurtheilung der Strafbarkeit des Ausbleibens der Einblick in die militärdienstlichen Verhältnisse erforderlich ist, ergiebt sich mindestens für den Fall des Nichterscheinens ein selbständiges Prüfungsrecht des ersuchten Gerichtsherrn darüber, ob ein Fall unentschuldigten Ausbleibens vorliegt oder nicht,[4]) wogegen für die Fälle der Weigerung (§§. 69,

---

[1]) Ueber den Begriff „Mil.-Behörde“ vgl. die K.Min.Bestimmungen im R.Centr.Bl. Nr. 26 (Pr.A.V.Bl. 1880 S. 56; Pr.J.M.Bl. S. 156; Württ.Reg.-Bl. S. 177). — Die Mil.-Behörde ist hier nicht blos Zustellungsempfängerin, wie nach §. 172 C.P.O., sondern sie ist um Vermittelung der Zustellung und Ertheilung der sog. Paritionsorder an den Geladenen zu ersuchen; Löwe N. 11 zu §. 48 St.P.O. — Betr. die Ladung von Landgendarmen (Landjägern) vgl. die Pr.Just.Min.-Verf. vom 21. Dezember 1850 (J.M.Bl. 1851 S. 2) u. vom 29. Juli 1880 (J.M.Bl. S. 186).

[2]) Dasselbe gilt auch in den Fällen der §§. 880, 890, 409 C.P.O.

[3]) Prot. zur C.P.O. vom 30. Januar 1877 S. 129, 181. Der §. 845 entspricht dem §. 890 der neuen C.P.O.

[4]) Ebenso Löwe, Note 22 zu §. 50, Note 11a zu §. 69 St.P.O.; Solms S. 886 Note 1; Weissenbach S. 86 Anm.; Rundschr. d. Pr.Gen.Aud. vom

77, 95 Abs. 2 St.P.O.) kaum genügende Gründe vorliegen dürften, um von dem oben genannten Grundsatz des §. 13 Einführungsgesetzes abzugehen, wonach die Entscheidung über die Berechtigung der Weigerung lediglich dem ersuchenden Civilgericht zustehen würde,[1]) vorausgesetzt, daß nicht der Zeugniß- 2c. Zwang nach dem Rechte des ersuchten Militärgerichts im speziellen Fall überhaupt verboten ist.[2])

Daraus daß in §§. 50, 69 St.P.O. nur von Festsetzung der Strafe durch die Militärgerichte die Rede ist, wird zu folgern sein, daß sowohl die Verurtheilung in die Kosten, wie die nach §. 69 Strafprozeßordnung mögliche Anordnung der Zwangshaft auch gegen aktive Militärpersonen ausschließlich dem bürgerlichen Gericht zukommt.[3])

3. Beschlagnahmen und Durchsuchungen in militärischen Dienstgebäuden (einschließlich Kriegsfahrzeugen) erfolgen in bürgerlichen Strafsachen ausschließlich durch Ersuchen der Militärbehörde[3a]) und auf Verlangen der Civilbehörde (Richter, Staatsanwaltschaft) unter deren Mitwirkung. Des Ersuchens der Militärbehörde bedarf es jedoch nicht, wenn die Maßregeln in Räumen vorzunehmen sind, welche in militärischen Dienstgebäuden ausschließlich von Civilpersonen (z. B. auch von Civilbeamten der Militärverwaltung) bewohnt sind (§§. 98 Abs. 4, 105 Abs. 4 St.P.O.).

Dies gilt nicht nur vom Vollzug, sondern auch von der Anordnung der genannten Maßregeln.[4])

Dagegen bedarf es bei Beschlagnahmen und Durchsuchungen, welche im bürgerlichen Strafverfahren bei einer aktiven Militärperson außerhalb eines militärischen Dienstgebäudes stattfinden soll, keiner Mitwirkung der Militärbehörde.[5])

---

30. März 1881, jedoch sämmtliche Genannten auch für den Fall der Zeugnißverweigerung.

[1]) Ebenso für das Verhältniß zwischen ersuchendem und ersuchtem Civilgericht. Löwe, Note 10c zu §. 69 St.P.O. (mit Bezugnahme auf die dem §. 18 E.G. zur M.St.G.O. analoge Bestimmung des §. 159 G.V.G.).

[2]) Wie dies z. B. der Fall wäre, wenn eine Person des Soldatenstandes von einem Civilgericht ohne Genehmigung ihrer vorgesetzten Dienstbehörde als Zeuge vernommen würde über Umstände, auf welche sich ihre Pflicht zur Dienstverschwiegenheit bezieht, da sich die Bestimmung des §. 189 M.St.G.O. (abweichend von der analogen des §. 53 St.P.O.) auch auf Personen des Soldatenstandes, nicht nur auf öffentliche Beamte erstreckt.

[3]) Vgl. Löwe, Note 22 zu §. 50; Note 11a zu §. 69 St.P.O.

[3a]) Die in diesem Fall zuständigen Mil.-Behörden sind für Armee und Marine in dem K.Min.Erl. vom 4. März 1880 aufgeführt. R.Centr.Bl. Nr. 26 (vgl. oben S. 99 A. 1).

[4]) Die §§. 98 und 105 St.P.O. handeln sowohl von der Anordnung als vom Vollzug der Beschlagnahme und Durchsuchung. Für die oben vertretene Ansicht spricht auch die umgekehrte Bestimmung des §. 289 M.St.G.O. und Komm.Ber. S. 77, wonach die jetzige Fassung des §. 289 cit. eben mit Rücksicht darauf erfolgte, daß im bürgerlichen Strafverfahren bei solchen Maßregeln gegenüber Mil.-Personen dem Civilgericht ebenfalls nicht gestattet sei, die Anordnung selbst zu treffen.

[5]) Vgl. Löwe, Note 15 zu §. 98 St.P.O.

D. Gegenseitige Benachrichtigungspflicht in Strafsachen.

Zur Rechtshülfe im weiteren Sinn gehören auch die Mittheilungen, welche sich Civil- und Militärbehörden in den bei ihnen anhängigen Strafsachen nach reichs- oder landesrechtlicher Bestimmung gegenseitig zu machen haben.

Außer den schon im Bisherigen genannten Fällen[1]) sind noch folgende hervorzuheben:

I. Benachrichtigung der Militärbehörden durch die Civilbehörden.

1. Nach §§. 106 Z. 8, 108 Z. 5, 111 Z. 19 Wehrordnung haben die Gerichte bezw. Staats- oder Amtsanwaltschaften von der Einleitung einer gerichtlichen Untersuchung gegen Militärpflichtige sowie von jeder Verurtheilung Militärpflichtiger dem Civilvorsitzenden der Ersatzkommission ihres Aushebungsbezirks, von der Einleitung einer gerichtlichen Untersuchung gegen Personen des Beurlaubtenstandes sowie von deren Ausfall dem Bezirkskommando, in dessen Kontrole sie stehen, möglichst bald Kenntniß zu geben.[2])

2. Dieselben Benachrichtigungen wie unter 1. haben nach ausdrücklicher Bestimmung in Bayern und Württemberg auch in dem Fall an die vorgesetzte Militärbehörde zu erfolgen, wenn von bürgerlichen Gerichtsbehörden gegen eine Person des aktiven Heeres (einschließlich der Civilbeamten der Militärverwaltung) wegen einer strafbaren Handlung eingeschritten wird, in Bayern auch bei civilgerichtlichen Untersuchungen gegen verabschiedete Offiziere, denen das Recht zum Tragen der Uniform verliehen ist.[3])

Hinsichtlich der aktiven Militärpersonen ergiebt sich übrigens die Benachrichtigung der Militärbehörden im Fall der Verurtheilung durch ein bürgerliches Gericht zu Freiheitsstrafe allgemein schon daraus, daß den Militärbehörden in solchen Fällen die Strafvollstreckung zukommt (vgl. oben S. 68 f.).[4])

---

[1]) Vgl. S. 88, 90, 91, 98.

[2]) Die näheren landesrechtlichen Bestimmungen hierüber sind enthalten: Für Preußen in Just.Min.Verf. vom 25. August 1879 (Pr.J.M.Bl. S. 251), vom 12. Juli 1881 (J.M.Bl. S. 159) und vom 21. Dezember 1885 (J.M.Bl. S. 55). Für Bayern in Just.Min.Verf. vom 4. März 1878 (M.B.Bl. S. 55) und insbesondere Just.Min.Verf. vom 22. Januar 1891 (Bayr.J.M.Bl. S. 81). — Für Württemberg in Just.Min.Verf. vom 30. Januar 1891 (Amtsbl. des Just.Min. S. 11) und Erl. des Min. des Innern vom 5. Januar 1899 (dessen Amtsbl. S. 1). — Für Sachsen in Gen.V.O. vom 8. August 1878 (J.M.Bl. S. 27) und 30. März 1879 J.M.Bl. S. 221). — Nach diesen Bestimmungen ist der Militärbehörde theils von Amtswegen, jedenfalls aber auf Ersuchen Abschrift der Urtheilsformel bezw. des Strafbefehls mitzutheilen. — Auch im Fall der Gewährung eines Strafaufschubs mit Aussicht auf Begnadigung nach Ablauf einer Probezeit (bedingter Begnadigung) ist hinsichtlich der oben genannten Personen die Militärbehörde zu benachrichtigen, vgl. Pr.J.M.Bl. von 1896 S. 248; Bayr.J.M.Bl. von 1896 S. 227; Amtsbl. des Württ.Just.Min. von 1896 S. 41.

[3]) Vgl. die oben Anm. 2. citirten Just.Min.Verf., für Bayern ferner J.M.Bl. von 1891 S. 40 (betr. die verabschiedeten Offiziere).

[4]) Ueber die Fälle, in denen nach der M.St.G.O. noch eine Aburtheilung von

3. In Preußen sind nach der Justizministerialverfügung vom 25. August 1879 III, 6 die Staatsanwaltschaften verpflichtet, im Fall einer Beleidigung oder Körperverletzung einer aktiven Militärperson, sofern der vorgesetzten Militärbehörde ein Strafantragsrecht zusteht, die Einleitung der Untersuchung aber ausschließlich auf Grund Strafantrags des Verletzten anhängig gemacht ist, die vorgesetzte Militärbehörde rechtzeitig von dessen Strafantrag in Kenntniß zu setzen.

4. Im Fall der Eröffnung einer gerichtlichen Untersuchung gegen einen Militäranwärter ist der Civilversorgungsschein zu den Untersuchungsakten einzufordern. Führt die Untersuchung zu einem rechtskräftigen Erkenntniß, welches auf zeitige Unfähigkeit zur Bekleidung öffentlicher Aemter oder auf eine Strafe lautet, welche die dauernde oder zeitige Unfähigkeit zur Bekleidung öffentlicher Aemter von Rechtswegen zur Folge hat, so ist der Civilversorgungsschein unter Mittheilung der Urtheilsformel derjenigen Militärbehörde zu übersenden, welche den Schein ertheilt hat. (§. 25 der bundesräthlichen Bestimmungen über die Anstellung der Militäranwärter im Civilstaatsdienst vom 7. und 21. März 1882.)

II. Benachrichtigung der Civilbehörden durch die Militärbehörden.

1. Nach den landesrechtlichen Ausführungsbestimmungen zu §. 450 Militärstrafgerichtsordnung (Z. 2) ist, wenn der Antrag auf militärgerichtliche Untersuchung von einer Civilbehörde ausgegangen war, derselben von dem Ausfalle der rechtskräftigen Entscheidung Kenntniß zu geben.

2. Bei Einleitung einer Strafverfolgung wegen Hochverraths oder Landesverraths oder wegen eines als Verbrechen oder Vergehen sich darstellenden Verraths militärischer Geheimnisse hat der Gerichtsherr, wenn diese Handlungen gegen Kaiser oder Reich gerichtet sind, in jedem Falle sofort dem Reichskanzler Anzeige zu erstatten (§. 158 Abs. 2 M.St.G.O.).

Von der Anklageverfügung in den genannten Fällen ist an den Reichskanzler unmittelbar Bericht zu erstatten (§. 252 M.St.G.O.).

3. Ist gegen eine einstweilig im Civildienst des Reichs, eines Bundesstaats oder einer Kommune verwendete aktive Militärperson gemäß §. 3 Abs. 2 Militärstrafgerichtsordnung (vgl. oben S. 23) die Militärgerichtsbarkeit begründet, so hat der Gerichtsherr, der die Vollstreckung der Freiheitsstrafe anordnet, den Zeitpunkt des Strafantritts der zunächst vorgesetzten Civilbehörde des Bestraften ungesäumt mitzutheilen (Ausf.Best. d. K.Min. zu §. 3 M.St.G.O.).[2])

---

aktiven Militärpersonen durch bürgerliche Strafgerichte vorkommen kann, vgl. oben S. 19, 23, 25, 31, 52, 54, 58.

[1]) Vgl. Württ. Reg.Bl. 1882 S. 231 ff.

[2]) Dasselbe gilt auch im Fall der Disziplinarbestrafung einer solchen Militärperson wegen eines militärischen Disziplinarvergehens (Pr.A.V.Bl. 1891 S. 283; Württ.M.V.Bl. 1892 S. 114).

Nach Preußischem Kriegsministerialerlaß vom 31. Mai 1850 (Mil.-Wochenbl. S. 140) haben ferner in solchen Fällen die Militärgerichte sowohl von der Einleitung als vom Ausfall der Untersuchung den vorgesetzten Civilbehörden Mittheilung zu machen.

4. Die Ladung von Reichs- und Staatsbeamten als Zeugen in militärgerichtlichen Strafsachen ist der vorgesetzten Dienstbehörde derselben mitzutheilen (K.Min.Ausf.Best. zu §. 185 M.St.G.O.).

5. Wird eine Militärperson des Beurlaubtenstandes, welche in ihren Civilverhältnissen zu den im unmittelbaren oder im mittelbaren Staatsdienst stehenden Beamten gehört, im Disziplinarweg mit Arrest bestraft, so ist ihrer nächstvorgesetzten Dienstbehörde sogleich nach Verhängung der Strafe davon Nachricht zu geben (§. 50 der Str.O.).[1]

6. Hinsichtlich der Verpflichtung der Militärgerichte zur Mittheilung von Strafnachrichten über gewisse Verurtheilungen an die bei den Civilbehörden geführten Registerbehörden ist auf die Bundesrathsbeschlüsse vom 16. Juni 1882 und 9. Juli 1896 betreffend die Führung von Strafregistern und die hiezu ergangenen landesrechtlichen Ausführungsbestimmungen[2]) zu verweisen.

Durch die partikularen Ausführungsbestimmungen zur Militärstrafgerichtsordnung (§. 450) ist übereinstimmend bestimmt, daß die militärgerichtlichen Beschlüsse, durch die ein Abwesender für fahnenflüchtig erklärt oder dessen Vermögen mit Beschlag belegt wird (§. 360 M.St G.O.), in die Strafregister nicht einzutragen sind.

7. Die in §. 472 Strafprozeßordnung vorgeschriebenen Erklärungen sind nach §. 111 Z. 17 Wehrordnung in den Fällen des §. 140 Z. 2 und 360 Z. 3 Strafgesetzbuchs von den Bezirkskommandos auszustellen und gleichzeitig mit den Anträgen auf Einleitung des Strafverfahrens der Staatsanwaltschaft vorzulegen.[3])

---

1) Hieraus wird zu folgern sein, daß eine solche Benachrichtigung auch im Fall der militärgerichtlichen Verurtheilung der oben genannten Personen des Beurlaubtenstandes zu erfolgen hat, wenn dies auch nicht ausdrücklich bestimmt ist (vgl. übrigens den oben Z. 8 cit. Pr.K.Min.Erl., der auch auf diesen Fall bezogen werden kann).

2) Diese Ausf.Best. sind enthalten: für Preußen in der Just.Min.Verf. vom 12. Juli 1882 (J.M.Bl. S. 200) und K.Min.Verf. vom 31. Juli 1882 (A.V.Bl. S. 166); ferner in J.M.Bl. von 1896 S. 265. — Für Bayern in M.V.Bl. von 1882 S. 381, 408; 1883, S. 15; 1896 S. 278. J.M.Bl. 1882 S. 241 ff.; 1883 S. 38 und 62; 1896 S. 278. — Für Württemberg in M.V.Bl. von 1882 S. 189 und 198; 1896 S. 186. — Die Registerbehörden für die einzelnen Bundesstaaten sind aufgezählt im R.Centr.Bl. 1882 S. 447 (Württ.Reg.-Bl. S. 492) und 1883 S. 244 (Württ.Reg.Bl. S. 198).

3) Nach Württ.Just.Min.Verf. vom 30. Januar 1891 (J.M.Bl. S. 11) haben die staatsanwaltschaftlichen Behörden den Kontrolbehörden sofort die erfolgte Uebergabe der Akten zu bestätigen und ihnen seinerzeit das Ergebniß des Verfahrens mitzutheilen. — In den Fällen des § 140 Abs. 1 Nr. 1 und 3 St.G.B. sind die fraglichen Erklärungen von dem Civilvorsitzenden der Ersatzkommission auszustellen (Pr.J.M.Bl. von 1880 S. 271; Bayr.J.M.Bl. 1880 S. 249; Württ.Ger.Bl. 1880 S. 369).

Sachregister.

(Die Ziffern bedeuten die Seitenzahlen. A. = Anmerkung.)

L.

M.

N.

O.

P.

R.

Druck von A. W. Hayn's Erben, Berlin und Potsdam.

FSC
www.fsc.org
MIX
Papier | Fördert gute Waldnutzung
FSC® C083411

Kolibri 360 GmbH
Ferdinand-Jühlke-Straße 7
99095 Erfurt, Deutschland
produktsicherheit@kolibri360.de